Vorwort

Das Bearbeitungsgebiet dieses Führers erstreckt sich von Altusried am Nordrand des Landkreises bis Hindelang. Ein besonderes Anliegen ist es, statt der gängigen Modeziele möglichst viele weniger bekannte, aber nicht minder reizvolle Touren anzubieten. Hier und dort sind neue Wanderwege entstanden und lobenswerte Naturlehrpfade eingerichtet worden. Aber auch manch alte, längst in Vergessenheit geratene Route lohnt sich, wieder zum Leben erweckt zu werden.
Die meisten der aktuell erkundeten sowie sorgfältig beschriebenen und somit leicht nachvollziehbaren Vorschläge sind erholsame Halbtagestouren. Bewusst, denn nicht die Zahl der abgespulten Kilometer bleibt in der Erinnerung, sondern das besondere Erlebnis einer Wanderung, der eigenwillige Charakter eines Landstrichs, Pflanzen und Tiere und vieles mehr. Deswegen soll unterwegs genügend Zeit zum Schauen und entdecken bleiben.
Viele dieser in der Regel beschilderten, fast alle an Bushaltestellen oder Bahnhöfen beginnenden Ausflüge empfehlen sich besonders für Kinder. Natürlich finden sich auch ausgedehntere Touren, und wer gar gelegentlich mit einer mehrtägigen Unternehmung liebäugelt, der kann die faszinierende Oberallgäu-Trekking-Route von Steibis nach Pfronten unter die Wanderstiefel nehmen.

Ihr Herbert Mayr

INHALT

Die Nagelfluhkette links des vom Nebel verschluckten Aubachtals begrenzt das Tourengebiet im Süden, im Hintergrund der Grünten.

Das Gebiet

Den Hauptanteil dieses Wanderführers nimmt das Oberallgäuer Alpenvorland ein, also der zentrale Bereich des Allgäus, dessen Name sich auf den früheren Alpgau bezieht. Die Landkreisgrenzen bestimmen das Ausmaß des Gebietes: von den nördlichen Illerdörfern über die Umgebung der Allgäu-Metropole Kempten und die Vorberge zwischen Weitnau und Oy bis hin zur Front der ersten Alpengipfel mit den beiden Eckpunkten Oberstaufen und der Tiroler Wirtschaftsexklave Jungholz. Den südlich des Aubachtals und Ostrachtals anschließenden, überwiegend alpinen Oberallgäuer Bereich behandelt das KOMPASS-Wanderbuch Allgäuer Alpen.

Das malerische Moränenland beiderseits des Illertals ist ein prachtvolles Werk der Eiszeitgletscher. Vorwiegend von der Viehwirtschaft geprägt, hat sich das Oberallgäu mit seinen verstreuten Dörfern, Weilern und Einöden bis ins Hightech-Zeitalter vielerorts seine berühmte Ländlichkeit bewahren können. Eine Auszeichnung, die zusammen mit der eindrucksvollen Bergwelt verständlicherweise zahlreiche Touristen anzieht. Darum spielt heute der ganzjährige Fremdenverkehr eine bedeutende Rolle.

Zahlreiche Fluss- und Bachtäler gliedern das Oberallgäu in Einzelbereiche mit unterschiedlichen Gesichtern. Die wichtigsten sind neben den oben bereits genannten das Kürnachtal und das Eschachtal, das Wengener Tal und Weitnauer Tal, das Tal der Unteren Argen und das Konstanzer Tal, das Weißachtal und Wertachtal. Mal überwiegen Wiesen und Weiden, mal Waldregionen. Und was für Wälder! Manche der »Oberallgäuer Lungen« erreichen eine beachtliche Ausdehnung. Man denke nur an den Kempter Wald, den Kürnacher und Buchenberger Wald oder den Großen Wald zwischen Wertach und Burgberg.

Und schließlich beleben die vier großen Seen, der Niedersonthofner See und der Alpsee, der Rottachsee und der Grüntensee das Landschaftsbild. Hinzu gesellen sich eine ganze Menge kleinerer Seen und Weiher. Alles in allem wie für den Freizeitsport geschaffen.

Oberallgäu Tourismus Service GmbH

Hindelanger Straße 35, 87527 Sonthofen, Tel. 01805/ 98 78 00, www.oberallgaeu.de

Tourismusverband Allgäu/Bayerisch-Schwaben e.V.

Fuggerstraße 9, 86150 Augsburg, Tel. 0821/333 35, Fax 0821/383 31, www.allgaeu-schwaben.com

Das Oberallgäu für Wanderer

Die Oberallgäuer Landschaft erfreut den Wanderer mit einem nur schwer zu überbietenden Formenreigen. Durststrecken gibt es hier keine. Und dennoch fällt fast überall diese wohltuende, mancherorts fast schon betörende Harmonie ins Auge. Hier passt einfach alles zusammen. Eine Ausstrahlung, die viele Allgäuer dazu veranlasst, den Urlaub zu Hause zu verbringen: in ihren geliebten Bergen, an den energiespendenden Seen und Flüssen, in den schweigenden Wäldern, wo man so herrlich abschalten kann.

Zweifellos stellen die Oberallgäuer Berge das größte zusammenhängende und fesselndste Erlebnisreich des Allgäus dar. Aus diesem Grund verzichtet auch dieser Alpenvorland-Führer nicht auf lohnenswerte Gipfelziele, von denen sich das eine oder andere mit Hilfe der Bergbahn angenehm abkürzen lässt. Westlich der Iller sind der Hündlekopf (1112 m) und der Klammen (1470 m) sowie die höchst eigenwillige Welt der Nagelfluhkette einschließlich aller Gipfel zwischen dem Hohenfluhalpkopf (1636 m) westlich des Hochgrates (1833 m) und dem Mittag (1451 m) mit von der Partie. In den östlichen Voralpen warten der Grünten (1738 m), der Spieser (1649 m) und die Reuter Wanne (1541 m) auf eine Besteigung.

Alle diese Berge, bestens mit Alpwegen, Pfaden und Steigen erschlossen, haben als Bindeglieder zwischen dem Hügelland und der höheren Alpenregion eines gemeinsam: sowohl eine schier unermessliche Ausschau über das West-, Ober- und Ostallgäuer Hügelland wie auch

Dieser reizvolle Knüppelweg im Großen Wald hilft die Natur zu schonen.

vortreffliche Einblicke ins ernste Reich der Kalkalpen.
Aber eigentlich ist es schade, dass sich viele Wanderer nur in den Alpen auskennen und Wochenende für Wochenende an so vielen anderen echten Traumlandschaften der Region vorbeifahren. Denn wer etwa in der Oberallgäuer Nordwestecke auf Schleichwegen von Kimratshofen zur Wallfahrtskirche Gschnaidt hinauf wandert oder auch nur auf versteckten Pfaden den winzigen, über der Iller aufragenden Dietmannsrieder Sandberg aufsucht, am idyllischen Eschacher Weiher den Hohenkapf besteigt oder von Heiligkreuz zur Illerschleife spaziert, der wird von diesem anderen, oftmals überraschend einsamen Oberallgäu mehr sehen wollen. Vielleicht das einprägsame Alpenpanorama vom Knollerhag im Kempter Wald, die Feuchtgebiete am Widdumer Weiher bei Ottacker oder den spannenden Oyer Steinlehrpfad, den einzigartigen Kranzegger Witzwanderweg, den Alpsee-Rundwanderweg oder auch das Agathazeller Moor.
Oder wie wär's mit einem der liebenswerten südlichen Vorberge: dem Ochsenberg (1115 m) bei Missen, dem Oberstaufener Kapf (998 m) oder dem Falkenstein (1116 m) bei Rettenberg?
Das Angebot an Natur- aber auch Kultursehenswürdigkeiten wie schmucken Kirchen und Kapellen, Burgruinen und Grotten ist groß und das Wanderwegenetz allemal ebenso überzeugend wie die Auswahl an heimeligen Wirtshäusern. Und wer gar nicht genug bekommt, dem empfiehlt sich der klassische, 230 km lange Oberallgäuer Rundwanderweg.

Naturlehrpfade

Wer mehr über Natur, Kultur und Geschichte erfahren möchte, der findet eine Auswahl lohnender Lehrpfade:

- ☛ Naturlehrpfad im Riedbachtal (Altusried)
- ☛ Waldlehrpfad im Ostertaler Tobel (Blaichach/Gunzesried)
- ☛ Eisenerzlehrpfad am Grünten (Burgberg)
- ☛ Geologischer Lehrpfad im Hirschbachtobel (Hindelang)
- ☛ Moorlehrpfad im Kematsriedmoos (Hindelang/Oberjoch)
- ☛ Naturlehrpfad über Reute (Immenstadt/Knottenried)
- ☛ Carl-Hirnbein-Weg nach Weitnau (Missen)
- ☛ Naturlehrpfad im Naturpark Rainwald (Oberstaufen)
- ☛ Waldlehrpfad über dem Weißachtal (Oberstaufen/Steibis)
- ☛ Naturkundlich-geschichtlicher Steinlehrpfad (Oy-Mittelberg)
- ☛ Lehrwanderweg im Tobel des Hasengartens (Rettenberg)
- ☛ Wasserwirtschaftlicher Lehrpfad an der Iller (Sonthofen)
- ☛ Waldlehrpfad zur Ruine Alttrauchburg (Weitnau/Kleinweiler-Hofen)
- ☛ Landwirtschaftlicher Lehrpfad an der Ellegghöhe (Wertach)
- ☛ Naturerlebnispfad zum Kolpingheim (Wertach)
- ☛ Fisch- und Vogellehrpfad am Grüntensee (Wertach)
- ☛ Allgäuer Käselehrpfad rund ums Dorf (Wiggensbach)

Beginn eines strahlenden Bergtages am Alpsee bei Immenstadt.

Die Gemeinden

Altusried

722 m, mit Frauenzell, Kimratshofen, Krugzell und Muthmannshofen; Marktgemeinde und Erholungsort über dem Illertal, in der Nordwestecke des Oberallgäus; Allgäuer Freilichtspiele (etwa alle fünf Jahre), Burgruine Hohentann bei Hohentann, Flachsmuseum, Freizeit-Park, Grotte bei Kimratshofen, Illerdurchbruch und Burgruine Kalden, Käsemuseum, naturkundliche Sammlung, Naturlehrpfad im Riedbachtal, Schaukäserei.
Verkehrsamt, 87452 Altusried, Tel. 08373/70 51, Fax 70 54, E-mail: Verkehrsamt.altusried@allgaeu.org, www.altusried.de

Betzigau

728 m, mit Hochgreut; Gemeinde in einem weiten Wiesental östlich von Kempten; Betzigauer Moor, Burgruine Baltenstein, Burgruine Schönberg, Findling Dengelstein im Kempter Wald, Notzenweiher bei Notzen.
Gemeindeverwaltung, 87488 Betzigau, Tel. 0831/57 50 20, Fax 57 50 222.

Blaichach

737 m, mit Bihlerdorf und Gunzesried (Gästeamt Tel. 08321/846 66); Erholungsort im oberen Illertal; Burgruine Ettensberg, Inselsee mit Wasserskilift, Ortwanger See, Schwarzenbachschlucht, Sennerei-Besichtigung mit Käseprobe auf der Sennalp Oberberg, Waldlehrpfad im Ostertaler Tobel.
Gästeamt, 87544 Blaichach, Tel. 08321/80 08 36, Fax 264 81, www.blaichach.de

Buchenberg

895 m, mit Eschach, Kreuzthal und Wirlings; Marktgemeinde und Höhenluftkurort südwestlich von Kempten; Aheggmühle in Ahegg, Eschacher Weiher bei Eschach, Heimatmuseum, Moorweiher, Naturschutzgebiet Hölzlertobel, Naturschutzgebiet Rohrbachtobel, Römische Felsenstraße, Römischer Burgus (Straßenwachtturm) bei Ahegg.
Verkehrsamt, 87474 Buchenberg, Tel. 08378/92 02 22, Fax 92 02 23, E-mail: markt.buchenberg@allgaeu.org, www.allgaeu.org/buchenberg

Burgberg im Allgäu

751 m, mit Agathazell; Erholungsort am Fuße des Grüntens im oberen Illertal, Eisenerzlehrpfad am Grünten und Schaubergwerk, Ruine Burgberg, Starzlachklamm bei Winkel. Gästeinformation, 87545 Burgberg, Tel. 08321/78 78 97, Fax 78 78 98, E-mail: gaesteinformation@burgberg.de

Dietmannsried

682 m, mit Probstried, Reicholzried, Schrattenbach und Überbach; Marktgemeinde über dem Illertal, am Nordrand des Oberallgäus gelegen; FKK-Freizeitpark Haldenmühle an der Iller, Natur-

schutzgebiet Schorenmoos, Sachsenrieder Weiher.
Verkehrsamt, 87463 Dietmannsried, Tel. 08374/58 20 23, Fax 58 20 30, www.allgaeu.org/dietmannsried

Durach
714 m, mit Bodelsberg; Gemeinde an der Durach südöstlich von Kempten; 500-jährige Linde, Bodelsberger Findlinge, Ruine Neuenburg.
Gemeindeamt, 87471 Durach, Tel. 0831/561 19 24, Fax 612 51, E-mail: gemeinde.durach@allgaeu.org, www.allgaeu.org/durach

Haldenwang im Allgäu
757 m, mit Börwang; Gemeinde über dem Illertal, in der Nordostecke des Oberallgäus; Burgruine Wagegg und Wagegger Weiher bei Börwang, heimatkundliche Sammlung. Gemeindeverwaltung, 87490 Haldenwang, Tel. 08374/930 00, Fax 930 040, www.haldenwang.de

Hindelang
825 m, mit Bad Oberdorf (Gästeinformation Tel. 08324/351, Fax 14 50), Hinterstein (Gästeinformation Tel. 08324/81 18, Fax 87 83), Oberjoch (Gästeinformation Tel. 08324/77 09, Fax 71 91) und Unterjoch (Gästeinformation Tel. 08324/76 07, Fax 75 49); Marktgemeinde, heilklimatischer Kurort, Kneippkurort und Schwefel-Moorbad im Ostrachtal; Eisenbreche bei Hinterstein, Erlebnis-Sennerei Kematsried in Oberjoch, Friedenshistorisches Museum, Geologischer Lehrpfad und Wasserfall im Hirschbachtobel, Hammerschmiede bei Bad

Die schmucke Pfarrkirche des Kempter Stadtteils Heiligkreuz.

Oberdorf, Kutschenmuseum bei Hinterstein, Moorlehrpfad im Kematsriedmoos bei Oberjoch, Schaukäserei Obere Mühle, Schleierfall bei Bad Oberdorf, Wildbachtobel, Zipfelsbach-Wasserfall bei Hinterstein, Talstation der Hornbahn, Talstation der Iselerbahn in Oberjoch.
Kurverwaltung, 87541 Hindelang, Tel. 08324/892 10, Fax 80 55, E-mail: info@hindelang.net, www.hindelang.net

Immenstadt
729 m, mit Akams, Bühl am Alpsee (Gästeinformation Tel. 08323/ 91 41 78), Diepolz, Eckarts, Knottenried, Rauhenzell und Stein; »Städtle« und Luftkurort an der Öffnung des oberen Illertals; Allgäuer Bergbauernmuseum mit Schaukäserei in Diepolz, Alpsee bei Bühl, historischer Stadtkern, Kleiner Alpsee, Museum Hofmühle, Naturlehrpfad bei Knottenried, Rauhenzeller See, Ruine Hugofels, Ruine Laubenberg, Ruine Rauhlaubenberg (Laubenegg) bei Egg, Ruine Rothenfels, Ruine Werdenstein, Steigbachtobel, Talstation der Mittag-Schwebebahn.
Gästeinformation, 87509 Immenstadt, Tel. 08323/91 41 76, Fax 91 41 95, E-mail: info@immenstadt.de, www.immenstadt.de

Jungholz
1058 m, Tiroler Ferien-Bergdorf und deutsche Wirtschaftsenklave über dem oberen Wertachtal; Moorweiher bei Gießenschwand. Tourismusverband, 87491 Jungholz, Tel. 08365/81 20, Fax 82 87, www.tiscover.com/jungholz

Kempten
674 m, mit Heiligkreuz, Lenzfried, Leubas und St. Mang; beiderseits der Iller angesiedelte Metropole des Allgäus; Allgäuer Festwoche (August), Allgäu-Museum, Alpenländische Galerie, Alpinmuseum, Archäologischer Park Cambodunum, Bachtelweiher, Burgenmuseum, Burghalde, Engelhalde-Park, Herrenwieser Weiher, Kempter Jazz-Frühling (Ende April – Anfang Mai), Naturkundemuseum, Naturpark Schwabelsberger Weiher, Puppenwelt im Illertor, Residenz mit St. Lorenz-Basilika und Hofgarten, Römisches Museum, Stadtweiher.
Tourist-Information, 87435 Kempten, Tel. 0831/252 52 37, Fax 252 54 27,
E-mail: touristinfo@kempten.de, www.kempten.de

Lauben
666 m, mit Heising; Gemeinde im Illertal nördlich von Kempten; Freizeitpark Illerparadies.
Gemeindeverwaltung, 87493 Lauben, Tel. 08374/582 20, Fax 64 88.

Missen-Wilhams
854 m, Doppelgemeinde und Mitgliedsgemeinde der Verwaltungsgemeinschaft Weitnau; sowie Erholungsort im Tal der jungen Unteren Argen; Carl-Hirnbein-Museum, Carl-Hirnbein-Weg nach Weitnau, Schlettermoos im

Wagneritz: Manche unverfälschten Allgäuer Bauerndörfer wirken wie ein Freilichtmuseum.

Stixnertal. Tourismusbüro, 87547 Missen-Wilhams, Tel. 08320/456, Fax 268, E-mail: gemeinde@missen-wilhams.de, www.missen-wilhams.de

Oberstaufen

792 m, mit Aach im Allgäu, Steibis (Kurverwaltung Tel. 08386/81 03), Thalkirchdorf (Kurverwaltung Tel. 08325/97 60) und Wiedemannsdorf; Marktgemeinde und Heilklimatischer Kneipp-Kurort (Schroth-Heilbad) über dem Weißachtal, in der Südwestecke des Oberallgäus; Bauernhausmuseum in Knechtenhofen, Buchenegger Wasserfälle, Eibele-Wasserfall, Heimatmuseum, Modelleisenbahnschau in Wengen, Naturlehrpfad im Naturpark Rainwald, Waldlehrpfad bei Steibis, Wildpark bei Willis, Talstationen der Imbergbahn und Hochgratbahn bei Steibis, Talstation der Hündle-Sesselbahn in Hinterstaufen mit Sommerrodelbahn. Kurverwaltung, 87534 Oberstaufen, Tel. 08386/930 00, Fax 930 020, E-mail: info@oberstaufen.de, www.oberstaufen.de

Oy-Mittelberg

939 m, mit Faistenoy (Verkehrsverein Tel. 08366/605), Haslach (Verkehrsverein Tel. 08361/15 32), Maria-Rain (Verkehrsverein Tel. 08361/37 47), Oberzollhaus (Verkehrsverein Tel. 08366/893), Petersthal (Verkehrsverein Tel. 08376/567) und Schwarzenberg; hoch gelegene Doppelgemeinde sowie Luft- und Kneippkurort am Ostrand des Oberallgäus; Bären-

Rettenberg darf sich zu Recht Erholungsort nennen.

moos bei Oberzollhaus, Grüntensee bei Haslach, Mariengrotte bei Haag, Naturkundlich-geschichtlicher Steinlehrpfad, Oyer Moor, Pestfriedhof bei Mittelberg, Reitermoos bei Oberzollhaus, Rottachsee bei Petersthal, Ruine Burgkranzegg bei Burgkranzegg, Rukatstobel mit Wasserfall bei Petersthal, Schwarzenberger Weiher bei Unterschwarzenberg, Seemoos bei Unterschwarzenberg, Sticher Weiher bei Stich, Wertachschlucht bei Maria-Rain. Kur- und Verkehrsamt, 87466 Oy-Mittelberg, Tel. 08366/207, Fax 14 27, www.oy-mittelberg.de

Rettenberg

806 m, mit Kranzegg, Untermaiselstein und Vorderburg; sonnenverwöhnter Erholungsort über der Öffnung des oberen Illertals; Aussichtspavillon auf der Gebhardshöhe, Burgruine Vorderburg, Gletscherschliff bei Weiher, Lehrwanderweg im Tobel des Hasengartens, Sennerei-Besichtigung in Untermaiselstein, Wasserfall bei Rieder, Witzwanderweg bei Kranzegg.
Verkehrsamt, 87549 Rettenberg, Tel. 08327/930 40, Fax 71 59, www.rettenberg.de

Sonthofen

742 m, mit Altstätten (Gästeamt Tel. 08321/21 70) und Hinang; Luftkurort und Zentrum des Oberallgäus im oberen Illertal; Brauerei-Besichtigung, Gebirgsjägermuseum, Heimathaus, Hinanger Wasserfall, Kunstschmiede, Leybachtobel mit Hubertusfall, Modellausstellung Mini-Mobil, Modelleisenbahnschau Mo-Lok, Ruine Fluhenstein, Sont-

hofner See, Starzlachklamm, Wasserwirtschaftlicher Lehrpfad an der Iller.
Verkehrsamt, 87527 Sonthofen, Tel. 08321/61 52 91 und 61 52 92, Fax 61 52 93,
E-mail: gaesteinfo@sonthofen.de, www.sonthofen.de

Sulzberg
712 m, mit Moosbach und Ottacker, Marktgemeinde südöstlich von Kempten, Aleuthemühle in Aleuthe, Grotte bei Moosbach, Hohler Stein bei Bechtris, Rottachdurchbruch bei Riedis, Rottachsee bei Moosbach, Ruine Sulzberg mit Burgmuseum, Sulzberger See (Öschlesee) bei Öschle.
Verkehrsverein, 87477 Sulzberg, Tel. 08376/92 01 19,
Fax 92 01 40, E-mail:
gaesteinformation@sulzberg.de, www.allgaeu.org/sulzberg

Waltenhofen
721 m, mit Hegge, Martinszell, Memhölz, Niedersonthofen (Verkehrsbüro Tel. 08379/77 92), Oberdorf bei Immenstadt (Gästebüro Tel. 08379/13 33) und Rauns; Erholungsort über dem Illertal südlich von Kempten; Baggerseen an der Iller bei Eggen, Falltobel mit Wasserfall bei Niedersonthofen, Mariengrotte bei Rauns, Niedersonthofner See mit den drei Inselseen bei Niedersonthofen, Ruine Langenegg bei Langenegg, Widdumer Weiher bei Widdum.
Gästeinformation, 87448 Waltenhofen, Tel. 08303/79 29, Fax 79 30,
E-mail:
gaesteinformation@waltenhofen.de
www.waltenhofen.de

Weitnau
797 m, mit Hellengerst, Kleinweiler-Hofen, Rechtis, Seltmans, Sibratshofen und Wengen; Marktgemeinde im Weitnauer Tal, am Westrand des Oberallgäus; Brauerei-Besichtigung, Carl-Hirnbein-Weg nach Missen, HO-Modelleisenbahnschau Miniland in Wengen, Kunsthalle Schwaben in Kleinweiler-Hofen, Miniaturpark Allgäu in Kleinweiler-Hofen, Miniatur-Puppenwelt in Wengen, Naturschutzgebiet Schönleitenmoos bei Hellengerst, Speckbach-Wasserfall bei Weilerle, Waldlehrpfad zur Ruine Alt-Trauchburg bei Kleinweiler-Hofen, Wildgehege.
Verkehrsamt, 87480 Weitnau, Tel. 08375/920241, Fax 1531,
E-mail: gemeinde@weitnau.de, www.weitnau.de

Wertach
895 m, Marktgemeinde und Ferienort im oberen Wertachtal, nahe des Grüntensees; Fisch- und Vogellehrpfad am Grüntensee, Hammerschmiede, Heimatmuseum, Kleiner Wasserfall bei Vorderschneid, landwirtschaftlicher Lehrpfad an der Elleggħöhe, Lourdes-Grotte, Naturerlebnispfad zum Kolpingheim, Schießbachtobel-Wasserfall.
Touristik-Information, 87497 Wertach, Tel. 08365/266, Fax 15 38, E-mail: info@wertach.de, www.wertach.de

Wiggensbach
857 m, mit Ermengerst; hoch gelegener Marktflecken und Erholungsort nordwestlich von Kempten; Allgäuer Käselehrpfad rund ums Dorf, Allgäuer Käsemuseum, Heimatkundliche Sammlung, Herrenwieser Weiher bei Ermengers. Amt für Kultur und Tourismus, 87487 Wiggensbach, Tel. 08370/84 35, Fax 379.

Wildpoldsried
724 m, Gemeinde im Leubastal, am Ostrand des nördlichen Oberallgäus; Bauhofweiher, Heimatkundliche Sammlung, Ruine Wolkenberg, Wolkenberger Weiher. Gemeindeamt, 87499 Wildpoldsried, Tel. 08304/920 50, Fax 920 520, www.wildpoldsried.de

Sehenswürdigkeiten und Ausflugsziele

Allgäuer Bergbauernmuseum
Mit dem Jahr 2002 ist Immenstadt wieder um einen Touristenmagneten reicher: das Allgäuer Bergbauernmuseum im Ortsteil Diepolz, dem höchstgelegenen Kirchdorf Deutschlands. (Voraussichtlicher Eröffnungstermin: Ende Juli 2002).
Dort betreibt die Sennerei-Genossenschaft Diepolz eine Schaukäserei. Eine der Besonderheiten des ansehnlichen Freilichtmuseums ist das Alpgebäude. Diese ehemalige Höflealp stand zuvor als Sennhütte und zuletzt als Jagdhütte im Oberstdorfer Warmatsgrund und wurde hier im Bergstättgebiet so originalgetreu wie möglich wieder aufgebaut. In der alten Holzhütte kann man die Arbeit der Sennen unmittelbar nachvollziehen. Man hat sozusagen das frühere Leben auf einer Alp ins Dorf geholt. Weitere Teile des Museums sind neben einem geräumigen Naturspielplatz ein Kräutergarten, eine Imkerei, eine Klangstation und ein Museumsladen. Ganz zu schweigen vom Wiedemannhof. Auf dem Bergbauernhof tummeln sich neben dem gewohnten Braunvieh auch Schweine, Bergschafe und Ziegen, nicht zu vergessen die bunt gemischten Geflügelscharen, die nun mal zu einem richtigen Bauernhof gehören.
Immenstadt/Diepolz,
Tel. 08323/914112,
E-mail: m.kamp@immenstadt.de,
www.bergbauernmuseum.de

Allgäu-Museum
Aktivstationen gestalten das Allgäu-Museum in Kempten zu einer zeitgemäßen, erlebnisorientierten Einrichtung. Gezeigt wird die Geschichte des vormals in eine katholische Stiftsstadt und eine protestantische Reichsstadt geteilten Kemptens und des Allgäus. Neben der Milchwirtschaft ist ein weiteres Hauptthema das Allgäu, als es noch nicht grün, sondern blau war, als die Flachswirtschaft das Bild der Landschaft prägte.
Außerdem findet man Ausstel-

Sehenswürdigkeit, die nicht im Fremdenverkehrsprospekt steht (Ottacker).

lungen über archäologische Funde, Fürstenglanz, Arbeit und Freizeit, Religion, das Handwerk, Wohnen und Kleidung sowie Themen rund ums liebe Geld. Im Kunstgewölbe mit einem alten Maleratelier ist die Allgäuer Kunst bis in die Gegenwart zusammengestellt.
Kempten, Tel. 0831/540 21 20, Fax 252 54 63, Öffnungszeiten: täglich außer Mo 10.00–16.00 Uhr.

Alpinmuseum
Auch Wanderer sollten sich einen Besuch des größten alpingeschichtlichen Museums Europas keinesfalls entgehen lassen. Das Alpinmuseum in Kempten gibt – mit dem Themenschwerpunkt »Der Mensch und das Gebirge« – einen sachkundigen und ausführlichen Einblick in die Entwicklungsgeschichte der Alpen von der Urzeit bis ins moderne Zeitalter.
Ausgestellt werden auf spannende Art und Weise die mühevolle Besiedlung des Alpenraums, die Geschichte des Alpinismus, die spezielle Flora und Fauna, der Werdegang des Wintersports mit den Entwicklungsstufen des Skis, der Schneeschuhe und Sportschlitten, Hybridformen des Bergsports sowie Literatur, Poesie und Kunst rund um die Bergwelt.
Kempten, Tel. 0831/540 21 20, Fax 252 54 63, Öffnungszeiten: täglich außer Mo 10.00–16.00 Uhr.

Heimathaus Sonthofen
Im ältesten Teil Sonthofens steht an einer Stelle, wo in den dreißiger Jahren alemannische Grab-

stätten des 7. Jh. entdeckt wurden, das Heimathaus, ein Bauernhaus aus dem 18. Jh. Dieses beherbergt das Heimatmuseum, das als eines der reizvollsten in Bayern gilt.
Dargestellt wird die wechselvolle Geschichte des oberen Allgäus und der Kreisstadt Sonthofen. Teilbereiche sind neben den alten Räumlichkeiten Küche, »gute Stube« und »Gaden« (Schlafzimmer) eine geologische Abteilung, eine frühgeschichtliche Sammlung, ein Trachtenraum, eine Musik- und Austragstube und eine Sammlung kirchlicher Kunst. Die Abteilung über die wirtschaftliche Entwicklung zeigt Flachsbearbeitungsgeräte, eine Nagelschmiede, Darstellungen zum Erzabbau am Grünten, eine Alpsennerei mit Glocken- und Schellensammlung, eine Skisammlung zur Geschichte des Skilaufs und eine Ausstellung über historische Straßen.
Hinzu kommen die Holzmasken des Sonthofner Egga-Spiels und nicht zu vergessen die größte Weihnachtskrippe des Allgäus: die Mummener Krippe. Schließlich findet sich auch noch eine über 2500 Bände umfassende Allgäu-Bibliothek. Als lebendige Begegnungsstätte erfreut das Heimathaus den Gast laufend mit wechselnden Sonderausstellungen, Vorträgen sowie Stubenmusik- und Mundartabenden.
Sonthofen, Tel. 08321/33 00.
Öffnungszeiten: ganzjährig (außer November) Di, Do u. Sa 15.00–18.00, Mi 18.00–21.00 Uhr, Sonn- u. Feiertage 10.00–12.00 Uhr; Mitte Juni – Ende August Di–Fr auch 10.00–12.00 Uhr sowie Fr 15.00–18.00 Uhr.

Miniland
Unter dem Slogan »Mit dem Dampfzug oder ICE von der Waterkant zum Bodensee« erfreut die HO-Modelleisenbahnschau Miniland im Weitnauer Ortsteil Wengen die Herzen von Groß und Klein. Zu sehen gibt es in der größten Modelleisenbahnschau Europas weit mehr als Geleise und Züge. Fahrzeuge aller Art und Menschen in den unterschiedlichsten Aktionen – allein 3500 handbemalte Figuren eines Fußballstadions – sowie jede Menge Natur mit meterhohen Bergwelten, das Schloss Neuschwanstein und eine Zahnradbahn, der Lindauer Hafen, die Insel Mainau und die Pfahlbauten bei Unteruhldingen oder einen Rummelplatz mit sich drehenden Karussels, einen Miniatur-Freizeitpark, eine Heißluftballon-Parade und ein Feuerwerk über dem Rhein.
Mit einer unglaublichen Professionalität und einer Liebe zum Detail, die ihresgleichen sucht, findet der Besucher auf der fast 400 m^2 großen Mammut-Anlage insgesamt an die 200 Loks, über 1000 Waggons und auf etwa 1500 m Schienen rund 70 Züge im ständigen Einsatz. Ein deutsches Bundespatent besteht für Start und Landung von beleuch-

Der Nordostaufstieg zum Grünten von der Grüntner Hütte.

teten Verkehrsflugzeugen auf dem Flugplatz der Anlage. Das Schönste für Kinder ist natürlich die Möglichkeit, an mehreren Stationen durch Knopfdruck aktiv in das Geschehen eingreifen zu können: Geräusche abzurufen oder einzelne Bahnen in Bewegung zu setzen.
Weitnau/Wengen, Tel. 08375/ 86 22, Öffnungszeiten: Mitte März - 1. November und 25. Dezember - Ende der Weihnachtsferien täglich 9.30–18.00 Uhr, in der übrigen Zeit Sa, Sonn- und Feiertage.

Museum beim Strumpfar

In einem betagten, denkmalgeschützten Bauernhaus aus dem 17. Jh. mit Schindelfassade in Oberstaufen kann man Ortsgeschichte, Brauchtum und Sehenswürdigkeiten vergangener Zeiten nacherleben. Zu den vielen Handwerksausstellungen zählen eine Käserei, eine Küferei, eine Mosterei und Schnapsbrennerei, das Baderhandwerk, eine Strohhutfertigung, die Stör-Näherei und Stör-Stickerei sowie eine Schuhmacherwerkstatt und das Sattler- und Seilerhandwerk. Auf die Strumpfwirkerei mit altem Laden geht auch der Hausname Strumpfar zurück. Ein eigener Sakralraum widmet sich religiösen Themen. Außerdem entdecken die kleinen Besucher eine Spielzeugsammlung und eine Trachtenpuppen-Ausstellung.
Oberstaufen, Tel. 08386/4242 und 1300, Öffnungszeiten: So 10.00–12.00 Uhr, Mi und Fr 15.00–17.00 Uhr.

Starzlachklamm

Die bei Sonthofen in die Ostrach

Bei der Hirschalp über dem Oberjoch öffnet sich die Hintersteiner Bergwelt.

mündende Starzlach hat beim Stadtteil Winkel am Fuße des Grüntens eine der bedeutendsten Klammen des Allgäus geschaffen. Ein angelegter, mitunter in lotrechte Felsfluchten gesprengter Steig mit Eisenbrücken erschließt hinter dem bewundernswerten Schleierfall mit Brotzeithütte die unheimliche Starzlachklamm.
Zersplitterte Baumstämme versperren den donnernden Wildwassern als Hochwasserzeugen den abenteuerlichen Weg über Stufen und durch Gumpen, Strudeltöpfe und teilweise aalglatte Engstellen. Eine weitere Besonderheit stellen die in den meist rötlichen Erzkalken eingeschlossenen Nummuliten dar, versteinerte Überreste von Einzeller-Urtieren aus der Vorzeit, im Volksmund auch Pfennigsteine genannt. Außerdem hat man hier die im Sonthofner Heimathaus ausgestellte, versteinerte Krabbe gefunden.
Sonthofen,
Tel. 08321/889 88,
Öffnungszeiten:
Mai – Oktober.

Tipps und Hinweise

SCHWIERIGKEITSBEWERTUNG
Wanderungen in eine Schwierigkeitsskala zu zwängen, erweist sich immer wieder als problematisch. Was der eine als reinen Vergnügungsspaziergang bezeichnet, kann dem anderen größte Probleme und Ängste bereiten. Dennoch sollen die einzelnen Vorschläge durch eine grobe Zweiteilung auseinandergehalten werden können. Diese ergibt sich aus den Farben der Tourennummern.
Die in der KOMPASS-Wanderbuchreihe sonst für schwere Bergtouren verwendete Farbe schwarz kommt in dieser Sammlung nicht

vor. Die Bewertung bezieht sich wohl gemerkt auf trockene Wege in unbeschädigtem Zustand. Mut zur Selbstkritik kann gegebenenfalls vor Unfällen bewahren. Weitere Angaben zum Charakter einer Wanderung beinhalten die Tourensteckbriefe. So findet jeder seinen Neigungen entsprechend das Treffende.

▼ BLAU Es handelt sich um leichte Touren für Wanderer, die auch bei zweifelhaftem Wetter relativ gefahrlos begangen werden können. Die Forst- und Alpwege sowie einfachen Pfade und Steige ohne ausgesetzte Passagen sind meistens gut beschildert und markiert. Maximal mittelsteile Anstiege können steilere Aufschwünge beinhalten. Da manche dieser Ausflüge bereits in große Höhen führen, ist eine entsprechende Ausrüstung zu empfehlen. Nicht allzu lange – und vorausgesetzt abwechslungsreiche – Touren sind auch für Kinder geeignet.

▼ ROT In dieser Rubrik sind mittelschwere Touren für trittsichere und geübte Wanderer zusammengefasst. Kurzzeitig unmarkierte und Orientierungssinn erfordernde Alpenvorland-Routen wurden ebenfalls dem Schwierigkeitsgrad rot zugeordnet. Manche Bergwanderungen eignen sich bei entsprechender Vorsicht und Routenlänge auch für berggewohnte Kinder. Längere steile Steige, eventuell mit sehr steilen Aufschwüngen gewürzt,

Bergbahnen

Hochgratbahn Oberstaufen/Steibis, ✆ 08386/82 22
Betriebszeit: Mitte Mai bis Ende Oktober 8.30–16.30 Uhr.

Hornbahn Hindelang Hindelang, ✆ 08324/24 04
Betriebszeit: Mitte Mai bis Ende Oktober 9.00–17.00 Uhr.

Hündle-Sesselbahn Oberstaufen/Hinterstaufen, ✆ 08386/27 20
Betriebszeit: Pfingsten bis Ende Oktober 9.00–16.30 Uhr.

Imbergbahn Oberstaufen/Steibis, ✆ 08386/84 89
Betriebszeit: Anfang Mai bis Ende Oktober 9.00–16.30 Uhr.

Iselerbahn Oberjoch Hindelang/Oberjoch, ✆ 08324/951 60
Betriebszeit: Anfang Juni bis Ende Oktober 8.00–17.00 Uhr.

Mittag-Schwebebahn Immenstadt, ✆ 08323/61 49
Betriebszeit: Mitte Mai bis Ende Oktober 8.00–17.00 Uhr (Pause 12.00–12.30 Uhr).

Alpine Auskunftstellen

Deutscher Alpenverein ✆ 0049-(0)89/29 49 40
www.alpenverein.de

Bergrettung

Europäischer Notruf (auch vom Handy) 112

Bergrettung in Bayern 19222

Alpines Notsignal

Hilfe: 6-mal pro Min. ein gleichmäßiges sichtbares oder hörbares Signal – 1 Min. Pause – Wiederholung. Antwort: 3-mal pro Minute gleicher Vorgang.

Wetterdienst

Wettervorhersage Allgäu:
✆ 0190/116329 (www.all-in.de)

Alpenvereins-Wetterbericht Alpen:
✆ 089/29 50 70

setzen eine gewisse Kondition und die entsprechende Ausrüstung voraus. Außerdem können ausgesetzte, mitunter drahtseilgesicherte Stellen im Schrofengelände (je nach Jahreszeit Firnfelder!) vorkommen. Bei einem Wettereinbruch wird bereits alpine Erfahrung verlangt.

ZEITANGABEN Die angegebenen Gehzeiten für Auf- und Abstiege können nur Richtwerte sein; zu ungleich ist das Tempo der einzelnen Wanderer und Bergsteiger. Auch andere Faktoren beeinflussen die benötigte Zeit wie ein schwerer Rucksack, ungünstige Bedingungen, Hitze, die persönliche Tagesform usw. Jeder muss für sich herausfinden, ob er in etwa die angegebenen Zeiten braucht, ob er langsamer oder schneller ist.

HÖHENPROFIL Das Höhendiagramm vermittelt auf einen Blick einen ersten Eindruck von der Länge der Tour (km) und dem Höhenunterschied (m), der zu bewältigen ist. Ebenfalls abzulesen sind die absoluten Höhen sowie die Gehzeiten.

ORIENTIERUNG Führer und Karte nützen wenig, wenn die nötige Sorgfalt fehlt. Kluge studieren ihre Hilfsmittel nicht nur vor der Tour ganz genau, sie bleiben auch unterwegs stets »am Ball«, vergleichen laufend ihre Unterlagen mit den Gegebenheiten. Nur so fällt ein Fehler sofort auf, nur so ist man vor Irrwegen sicher. Die gute Hütten-Infrastruktur gibt zusätzlich die Möglichkeit, sich immer wieder Informationen vor Ort zu verschaffen.

Tourenübersicht

Reine Talwanderungen

Heiligkreuz	Hirschdorfer Illerschleife	Tour 9
Waltenhofen	Laudorf	Tour 18
Ottacker	Widdumer Weiher	Tour 19
Burgberg	Agathazell	Tour 47

Mit Bus/Bahn/Auto erreichbare, höher gelegene Touren-Ausgangspunkte

Eschach	Bus	Hohenkapf	Tour 8
Möstenberg	Bus	Knollerhag	Tour 15
Bodelsberg	Bus	Sinkmoos	Tour 17
Moosbach	Bus	Schmieden	Tour 20
Unterschwarzenberg		Kreuzbänkle	Tour 21
Oy	Bahn	Mittelberger Rücken	Tour 22
Hellengerst		Speckbach-Wasserfall	Tour 23
Steibis/Hochgratbahn	Bus	Hohenfluhalpkopf	Tour 29
		Fernwanderweg E 4	Tour 30
Diepolz	Bus	Gopprechts	Tour 32
Knottenried	Bus	Obereinharz	Tour 33
Gunzesried/Säge	Bus	Buralpkopf	Tour 38
		Stuiben	Tour 39
Rettenberg/Großer Wald-P	Bus	Schnitzlertalalp	Tour 42
		Grünten	Tour 43
Wertach/P an B 310	Bus	Reuter Wanne	Tour 45
Jungholz	Bus	Älpelealp	Tour 46
Unterjoch/Obergschwend	Bus	Spieser	Tour 49
Oberjoch	Bus	Alpsteigtobel	Tour 50

Bergtouren mit alpinen Gipfelzielen

Hündlekopf	Weißach	Tour 28
Seelekopf, Hohenfluhalpkopf	Steibis/Hochgratbahn	Tour 29
Hochgrat, Rindalphorn, Gündleskopf, Buralpkopf, Sedererstuiben, Stuiben, Steineberg, Tiefenbacher Eck	Steibis/Hochgratbahn	Tour 30
Klammen	Wiedemannsdorf	Tour 31
Mittag, Bärenkopf	Immenstadt	Tour 36
Gündleskopf, Buralpkopf	Gunzesried/Säge	Tour 38
Stuiben	Gunzesried/Säge	Tour 39
Falkenstein	Rettenberg	Tour 40
Grünten	Rettenberg/Großer Wald-P	Tour 43
Reuter Wanne	Wertach/P an B 310	Tour 45
Großer Hirschberg, Spieser	Unterjoch/Obergschwend	Tour 49

Touren mit Seilbahnunterstützung

Hohenfluhalpkopf	Hochgratbahn, Steibis	Tour 29
Fernwanderweg E4	Hochgratbahn, Steibis	Tour 30
Bärenkopf	Mittag-Schwebebahn, Immenstadt	Tour 36

1

Nach Ottenstall im Rorachtal

Altusrieder Weiler und Einöden

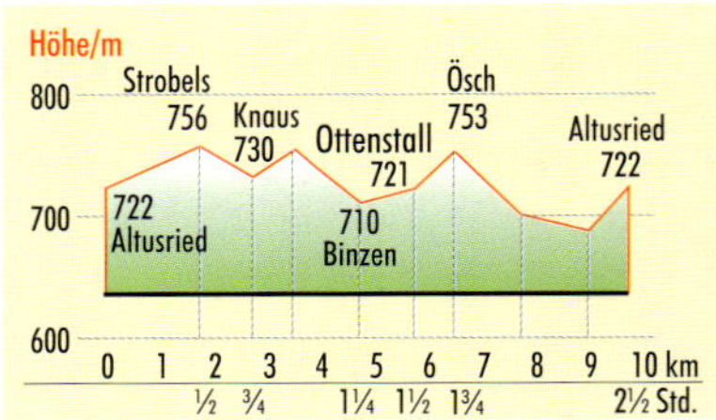

Ausgangspunkt: Altusried, Bushaltestelle bei der Post, 722 m; Parkplatz am Ortsrand, in der am Gasthof Rößle abzweigenden Poststraße.
Gehzeit: Ottenstall 1½ Std., Rückweg 1 Std., gesamt 2½ Std.
Charakter: Kleine Steigungen. Lückenhaft bezeichnete Wirtschafts- und Waldwege sowie zum Teil undeutliche Feldwege, verkehrsfreie Sträßchen, kurzer Pfad. Orientierungssinn vorteilhaft.
Karte: KOMPASS Nr. 186.

Mitunter auf amüsanten alten Wegen umkreist unsere Genusswanderung in fortwährendem Bergauf, Bergab die einstige Nordwestbucht des nacheiszeitlichen Kempter Gletschersees. Stille Waldinseln, murmelnde Wiesenbäche, verstreute Weiler und Einöden gestalten diese nördliche Moränenlandschaft zu einem liebenswerten Flecken Oberallgäu. Wir spazieren in **Altusried** bei der Post Richtung Leutkirch und folgen der Kaldener Straße zum Dorfrand. Ein aussichtsreiches Anliegersträßchen führt zum Ortsteil **Strobels**. Gleich beim ersten Hof entdeckt man eine Fahrspur, die zu den oberen Häusern leitet. Nach kurzem Abstieg links auf einem Wirtschaftsweg steigt vom Weiler Knaus eine Straßenkehre über das anmutige Hügelland Richtung Diesenbach.

Hinter einem Feuchtbiotop schlagen wir talwärts Kurs Binzen ein und biegen wenig später auf einen Waldweg ab. In der Talmulde von **Binzen** geht's auf einem verkehrsfreien Sträßchen unter der nach Kimratshofen verlaufenden Staatsstraße hindurch und im recht bequemen Wiesental des von der Wiggensbacher Flur kommenden Rorachbachs nach **Ottenstall**.

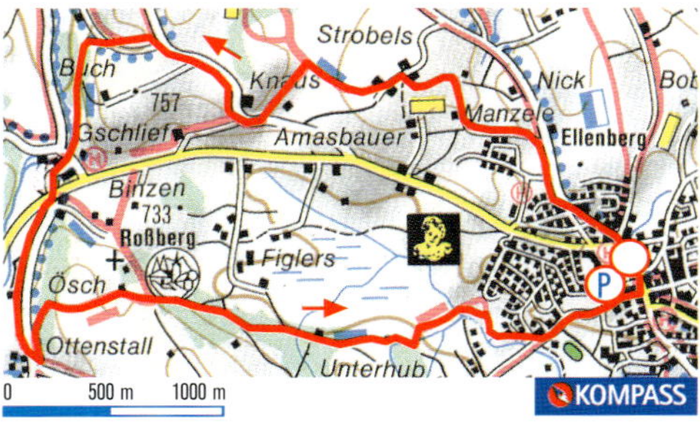

Am Ortsschild beginnt sich eine Feld-

Bei den Quellbächen des Altusrieder Bachs.

wegschleife zur versteckten Einöde Ösch aufzuschwingen. Anschließend weist uns das Schild »Figlers« auf einen fallenden Waldweg, der sich am Wegweiser »Ösch« gabelt. Dort hält man sich rechts und achtet auf die Abzweigung eines reizvollen Pfades. Auf dieser köstlichen Schleichwegroute lässt sich nun für ein Weilchen die herrliche Waldesruhe genießen.

Rechts in den Wirtschaftsweg von Figlers einschwenkend, kommen wir zu einem Aufschwung. An der anschließenden Wegteilung wandern wir links bergab. Zuletzt begleitet uns der murmelnde, verspielt kurvige Oberlauf des Altusrieder Bachs zurück nach **Altusried**.

Moderner Blickfang im Marktflecken Altusried

Wallfahrtskirche Gschnaidt, 884 m

In der Nordwestecke des Oberallgäus

Ausgangspunkt: Altusried/Kimratshofen, Bushaltestelle, 750 m; Parkplatz am Sportplatz.
Gehzeit: Gschnaidt 1¾ Std., Rückweg 1½ Std., gesamt 3¼ Std.
Charakter: Unterschiedliche Steigungen. Zum Teil unbezeichnete Feld- und Waldwege, mitunter schwach ausgeprägte Fahrspuren und Pfade, kurze weglose Abschnitte, zwischendurch stille Sträßchen. Orientierungssinn ist erforderlich.
Einkehr: In Gschnaidt.
Karte: KOMPASS Nr. 186.

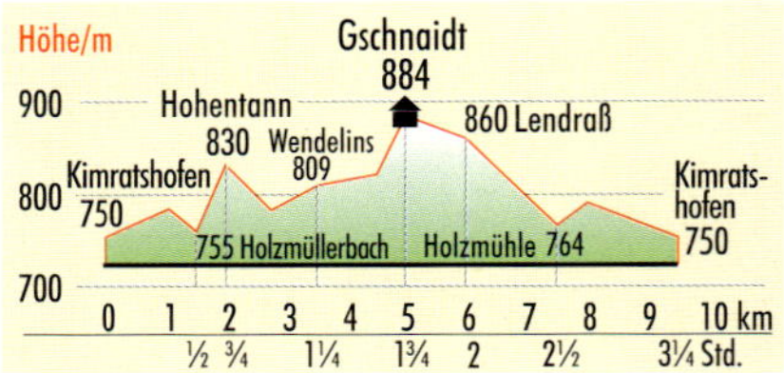

Die »Pilgertour« zu dem hoch gelegenen Wallfahrtsort bei Maggmannshofen startet an der Bushaltestelle in **Kimratshofen**. Ein Fußgängerweg steigt neben der Straße Richtung Leutkirch zum Ortsende. Gleich darauf beachten wir den Wanderwegweiser »Hohentann«. Nach einem Feldwegabschnitt über eine Waldkuppe geht's kurz weglos an zwei markierten Telefonmasten vorbei. Hinter dem Steg, auf dem wir im Wiesental des Holzmüllerbachs das Ufer wechseln, setzt sich die witzige Pfadfinderei an einem uralten Zaun entlang fort, bis wir im Wald auf eine steile Fahrspur stoßen. Wir kreuzen den folgenden Waldweg und kommen auf einem undeutlichen Pfad nach **Hohentann**.

Direkt vor dem Einödhof beginnt rechts ein Feldweg. An der nächsten Verzweigung lassen wir uns vom Schild »Wendelins« den Kurs zeigen. Nach der Überschreitung eines Bächleins schaltet sich über eine Wiese eine längere schwach ausgeprägte Fahrspur ein, die uns

Wie in einem alten Bilderbuch: der Kimratshofer Weiler Holzmühle.

zum Weiler **Wendelins** bringt. Das Sträßchen der Gschnaidter Route wird wenig später von einem Waldweg abgelöst. An der ersten Gabelung hält man sich rechts, an der zweiten links und ab dem Wegende am Waldrand bergauf. Zuletzt gelangt man geradeaus auf einem recht verwachsenen Pfadstück und an einer Hecke entlang in den Wallfahrtsort **Gschnaidt**. Nach einem Besuch der Kirche – nebenan steht eine Kapelle mit einer Sammlung Sterbekreuzchen aus nah und fern – wird man beim Wirt gerne eine schmackhafte Brotzeit bestellen, bevor man sich auf den Weiterweg macht.

Über Lendraß Richtung Hohentann finden wir nun ein verkehrsfreies Sträßchen vor. Bald zweigt ein mit »Holzmühle« ausgeschilderter Feldweg ab. Nach einer kurzen Wiesenspur leitet dann ein Waldpfad durch ein Mischgehölz bergab nach **Holzmühle**. Dort trägt uns ein Holzsteg über den bekannten Holzmüllerbach und anschließend ein Feldweg über eine Anhöhe zurück nach **Kimratshofen**, wobei der Bauernhof Mühlengat rechts liegen bleibt.

Hofgut Unterkürnach

Zweimal durch den Hohentanner Wald

Ausgangspunkt: Altusried/Walzlings, Bushaltestelle, 825 m; Parkmöglichkeit an der zweiten Abzweigung nach Schwarzachen. Von Kempten Richtung Krugzell, Kimratshofen.
Gehzeit: Unterkürnach ¾ Std., Rückweg 1¼ Std., gesamt 2 Std.
Charakter: Mäßige Steigungen. Überwiegend beschilderte Forst- und Waldwege, zuletzt verkehrsfreies Sträßchen, kurzer Abschnitt auf ruhiger Staatsstraße. Etwas Orientierungssinn angenehm.
Einkehr: In Unterkürnach.
Karte: KOMPASS Nr. 186.

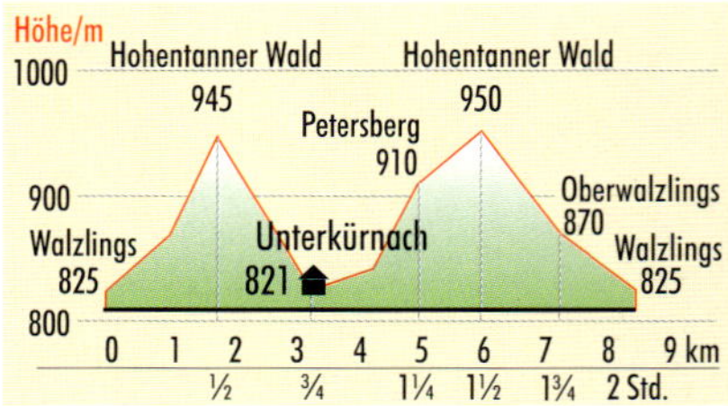

Diese seniorenfreundliche Halbtagestour durch die erfrischende, mittelgebirgsartige Landschaft des Hohentanner Waldes zählt zu den beglückendsten Unternehmungen im nördlichen Oberallgäu. Auf der beschriebenen Wirtshauswanderung im Grenzgebiet zwischen den Gemeinden Altusried und Wiggensbach überschreitet man gleich zweimal den lang gezogenen Mischwaldhöhenzug, ohne jedoch dabei groß außer Atem zu geraten.

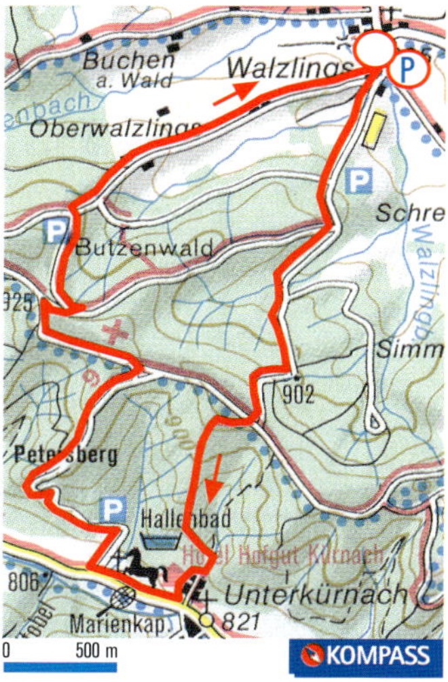

Bei der Bushaltestelle in **Walzlings** zeigt uns der Wanderwegweiser »Schwarzachen« den Kurs. Nach dem Ortsende folgen wir dem Forstweg Richtung Butzenwald und halten uns an einer Gabelung im inspirierenden Mischwald links. An der nächsten Verzweigung geht's abermals links und an einer Kreuzung geradeaus stetig bergauf.
Auf dem Höhenzug des Hohentanner Waldes queren wir einen breiten Forstweg. Nun leitet ein Waldweg talwärts, wobei an einer Gabelung auf die Markierung zu achten ist. Leidenschaftliche

Frühlingseinzug im Hohentanner Wald.

Barfußwanderer seien gewarnt und sollten diesen Kirchtobelweg, eine recht seltsam anmutende Glasscherbenpiste, nur mit solider Hornhaut begehen. Das Kürnachtal wartet im Wiggensbacher Weiler **Unterkürnach** mit einer stattlichen Einkehr auf: dem Hofgut Kürnach.

Ein kurzes Stück nehmen wir nun rechts mit der wenig befahrenen Staatsstraße von Kempten vorlieb, dann entführen uns Forstwegwindungen über den Petersberg erneut empor in den schweigenden Hohentanner Wald. Jenseits der Talsohle erstreckt sich der ebenfalls mittelgebirgsartige Kürnacher Wald. Auf der Höhe wandern wir an einem Wegdreieck Richtung Gschnaidt, richten uns nach einem weiteren Wegdreieck nach der Beschilderung »Walzlings« und bummeln an der nächsten Verzweigung gemütlich hinunter zum Weiler **Oberwalzlings**.

Ein verkehrsfreies Sträßchen bringt uns anschließend zurück nach **Walzlings**.

Sachsenrieder Weiher

Mit Reicholzrieder Moos und Haldenmühle

Ausgangspunkt: Dietmannsried, Bahnhof (Parkplatz), 689 m.
Gehzeit: Reicholzried 1 Std., Sachsenrieder Weiher 1½ Std., Rückweg 1¾ Std., gesamt 4¼ Std.
Charakter: Kurze spürbare Steigung. Meist beschilderte Feld-, Wald- und Wanderwege (kleines Stück auf Pfadspur), ruhige Gemeindesträßchen.

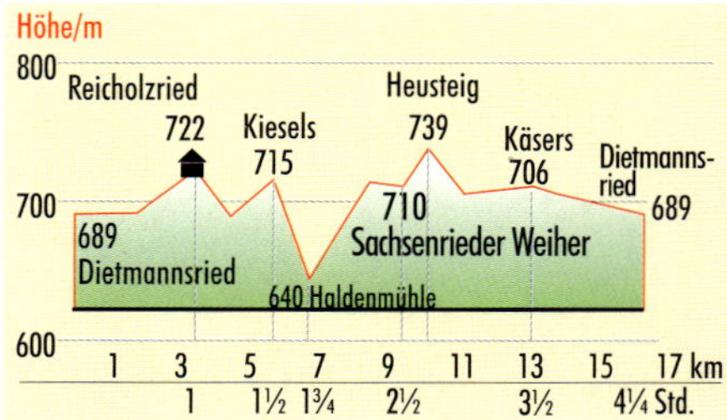

Einkehr: In Reicholzried.
Karte: KOMPASS Nr. 186.

Für diese abwechslungsreiche Runde in den nördlichsten Breiten des Oberallgäus wählen wir als Startpunkt den Bahnhof in **Dietmannsried**. Die Bahnhofstraße leitet uns dorfauswärts zur Querung der Kreisstraße. Ein Fußweg wird bald von einem Wirtschaftsweg abgelöst. An der Gabelung bei einem Einzelhof halten wir uns links und an einem weiteren Anwesen Richtung Reicholzried. Ein Forstweg verläuft nun durch den in seiner Randzone artenreichen Mischwald des Reicholzrieder Mooses. Auf einem Feldweg

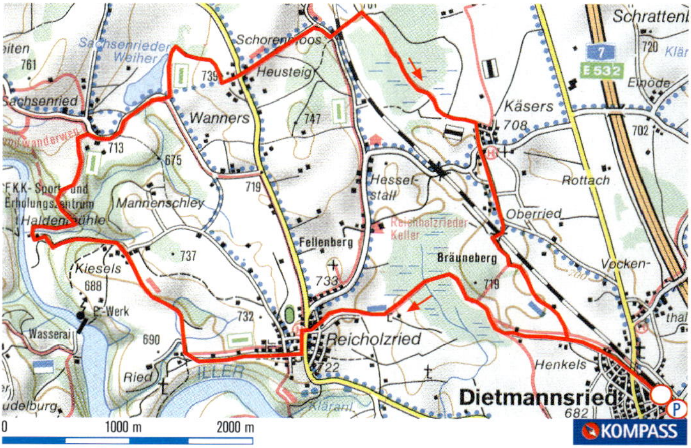

Sachsenrieder Weiher bei Reicholzried.

treffen wir in **Reicholzried** ein. Bei der Kirche folgt man der St.-Georg-Straße und im weiteren Verlauf einem Bauernsträßchen bergab zu den Höfen von Ried. Auf dem anschließenden Feldweg geht's durch ein Wäldchen zum Weiler **Kiesels**. Dort lenkt das Schild »Sachsenrieder Weiher« auf ein Sträßchen, das uns hinunter ins Illertal führt. Am Eingang des FKK-Freizeitparks Haldenmühle vorbei – keine Sorge, Sie dürfen die Hosen anbehalten – schleichen wir auf einem Waldweg hinein in eine wilde Bachschlucht, bis der Richtungszeiger »Sachsenried« auf einen Wanderweg weist. Der später spürbar steiler werdende Ziehweg verlangt ein paar Schweißtropfen ab. Über eine Wiesenebene bummeln wir nach Sachsenried und in Kürze auf verkehrsarmer Straße zum **Sachsenrieder Weiher**.

Am Ende des fast ganz schilfumschlossenen Badegewässers zeigt die Tafel »Heusteig« auf eine Grasspur entlang der Uferzone. Diese Etappe des Oberallgäuer Rundwanderwegs strebt einem Waldeck zu. Nahe der Kreisgrenze zum Unterallgäu beginnt ein Feldweg, der uns bergan zu den Höfen von **Heusteig** bringt. Nach Kreuzen der Kreisstraße von Reicholzried geht's auf stillem Sträßchen talwärts zum Weiler Schorenmoos. Ein Wanderweg quert die Bahn und zieht sich durchs gleichnamige Hochmoor nach **Käsers**. Dort hält man sich erst an die Straße Richtung Reicholzried und schlendert nach Haus Nr. 11 links zu den Anwesen von Oberried. Bei Pferdekoppeln führt ein Feldweg mit hübschen Bergblicken zurück nach **Dietmannsried**.

5

Sandberg und Illerparadies

Erlebnis-Spaziergang im unteren Illertal

Ausgangspunkt: Dietmannsried, Bushaltestelle beim Freibad (Parkplatz), 670 m.
Gehzeit: Illerparadies ¾ Std., Rückweg 2 Std., gesamt 2¾ Std.
Charakter: Keine nennenswerten Steigungen, aber steiler Treppenabstieg vom Sandberg. Zum Teil beschilderte Wirtschafts- und Wanderwege, mitunter etwas verwachsene Waldpfade, zuletzt verkehrsfreies Sträßchen.

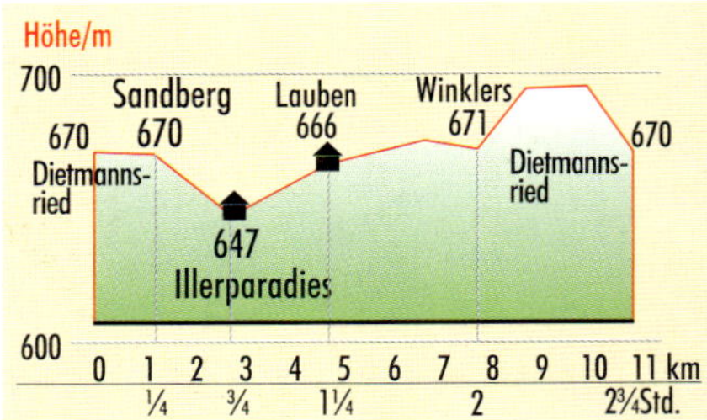

Einkehr: In Hinwang, Lauben und Moos.
Karte: KOMPASS Nr. 188.

Wandert man auf dem sehr bequemen Iller-Radwanderweg flussabwärts nach Krugzell, ist es nur schwer vorstellbar, dass sich der eindrucksvolle Prallhang an der Dietmannsrieder Schleife auf einem angenehmen Waldpfad und einer hölzernen Riesentreppe überlisten lässt. Auch im dschungelartig anmutenden Uferstreifen zum Freizeitpark Illerparadies liegt ein pfiffiger Individualisten-Schleichweg versteckt.

Vom Freibad in **Dietmannsried** spazieren wir auf einem Gehsteig am Sportgelände vorbei und zweigen auf den Feldweg Richtung Sandberg ab. Nach einem

Illertal mit Krugzell vom Dietmannsrieder Sandberg.

Bauernhof wechselt der Kurs in einen spannenden Waldpfad. Am abschüssigen Bachtobel entlang wandern wir in leichtem Auf und Ab zum Aussichtspunkt auf dem **Sandberg** nahe Krugzell. Der schmale Bergsporn an der Illerschleife mit seinem respekteinflößenden Steilhang nennt sich auch Schlossbühl. Besonders schön präsentieren sich von hier Hochvogel und Mädelegabel. Ein Gedenkstein erinnert an den Burgstall Illerberg. Auf einer anregenden Steiltreppe wagen wir uns anschließend hinunter an die Iller. Eine mitunter etwas verwachsene Pfadspur führt durch romantischen Auwald flussaufwärts. Ab dem **Freizeitpark Illerparadies** in Hinwang mit beliebter Einkehr begleitet ein sandiger Wanderweg weiterhin das Ufer. Auf dem Inselweg gelangen wir schließlich nach **Lauben**.

Ein Gehsteig leitet am Wirtshaus vorbei zum Dorfrand. Dort biegt man links ab und folgt einem Spazierweg an Pferdekoppeln entlang. Mit einem Links-rechts-Haken geht's ein Stück durch die Siedlung und auf einem Fußgängerweg zum Ortsteil Moos. Der Schwabenweg bringt uns zu den letzten Häusern, wo wir links den Wirtschaftsweg nach Schwarzenbühlers nehmen. Auf einem aussichtsreichen, flachen Bummelsträßchen schließt sich nach den Weilern **Winklers**, Ellensberg und Atzenberg in **Dietmannsried** der gemütliche Kreis.

Von Haldenwang nach Gschlavers

Auf dem Oberallgäuer Rundwanderweg

Ausgangspunkt: Haldenwang, Bushaltestelle an der Kirche, 757 m; Parkplatz am Rathaus.
Gehzeit: Gschlavers 1½ Std., Rückweg 1¼ Std., gesamt 2¾ Std.
Charakter: Leichte Steigungen. Teilweise beschilderte Wald- und Feldwege (kurzzeitig undeutlich), ruhige Gemeindesträßchen und ganz kleiner Abschnitt auf Staatsstraße.

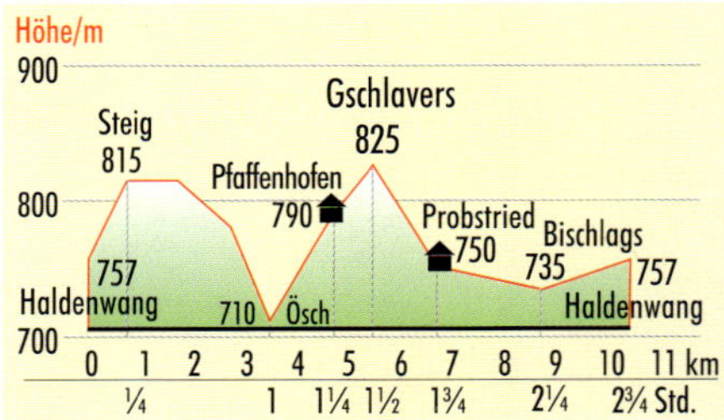

Einkehr: In Pfaffenhofen und Probstried.
Karte: KOMPASS Nr. 188.

Dieser Abschnitt des Oberallgäuer Rundwanderwegs führt uns über dem weiten Illertal das einsame Bauernland zwischen den beiden Landkreisen Ober- und Ostallgäu vor Augen.

Von der Kirche in **Haldenwang** wandern wir das ruhige Sträßchen bergan zum Weiler **Steig**. Gemütlich geht's daraufhin links zwischen Waldinseln hindurch. Auf leicht talwärts führenden Waldwegen entlang der Landkreisgrenze zum Ostallgäu lassen wir uns von der Beschilderung des kurzweiligen Oberallgäuer Rundwanderwegs die Richtung zeigen. Nach kleinem Anstieg erreicht man Ösch. Der zweite Feldweg links bringt uns nach **Pfaffenhofen**. Dort folgen wir ganz kurz der Staatsstraße bergab Rich-

Verstecktes Feuchtbiotop beim Probstrieder Ortsteil Haslach.

tung Probstried, bis das schmale Sträßchen nach **Gschlavers** abschwenkt. Der hoch gelegene Dietmannsrieder Weiler markiert unseren Umkehrpunkt.
Nun leitet uns ein Hohlweg durch ein Waldstück wieder bergab und hinein nach **Probstried**, wobei man die begeisternde Alpenkette auf sich wirken lassen kann. An der Kirche entdeckt man einen Fußweg, der hinunter zur Querung der Hauptstraße und dann weiter über die Seebachbrücke zum Ortsteil Haslach führt.
Der Wanderwegweiser »Burgstelle Langenzeil« dirigiert uns auf einen Wirtschaftsweg. Wir passieren einen Waldflecken und kommen zu einem von Rohrkolben umkränzten Tümpel. Auf anfangs undeutlichem Feldweg spaziert man über das sanft gewellte Moränenland, an einer Kreuzung links, zum Weiler **Bischlags**. Ein letztes Bergpanorama zeichnet das Finale rechts über den Ortsteil Hojen nach **Haldenwang** aus.

Der Oberallgäuer Rundwanderweg

In vorschlagsweise neun Tagesetappen kann sich der Naturfreund auf Schusters Rappen dem insgesamt rund 230 km langen Oberallgäuer Rundwanderweg anvertrauen und dabei alle Facetten des Landkreises kennenlernen. Vom anmutigen Hügelland nördlich der Allgäuer Hauptstadt über die liebenswerten Voralpen mit teils anspruchsvollen Einlagen bis zur faszinierenden Gipfelkulisse um das »oberste Dorf«, gewürzt mit vielen erdgeschichtlichen und kulturhistorischen Zeugnissen.
Routenverlauf: Altusried – Buchenberg – Missen – Steibis – Balderschwang – Oberstdorf – Hindelang – Wertach – Wildpoldsried – Altusried.

Blender, 1072 m

Stadtnahes Bergziel mit blendender Aussicht

Ausgangspunkt: Wiggensbach/ Ermengerst, Bushaltestelle nördlich der Kirche (Parkplatz), 825 m.
Gehzeit: Blender 1½ Std., Abstieg ¾ Std., gesamt 2¼ Std.
Charakter: Mäßig steile Aufstiege, nach Eschachberg spürbarer Abschnitt. Gut beschilderte Feldwege und Pfade, Pfadspuren und kurzes wegloses Stück, verkehrsfreie Sträßchen, zuletzt Radweg.

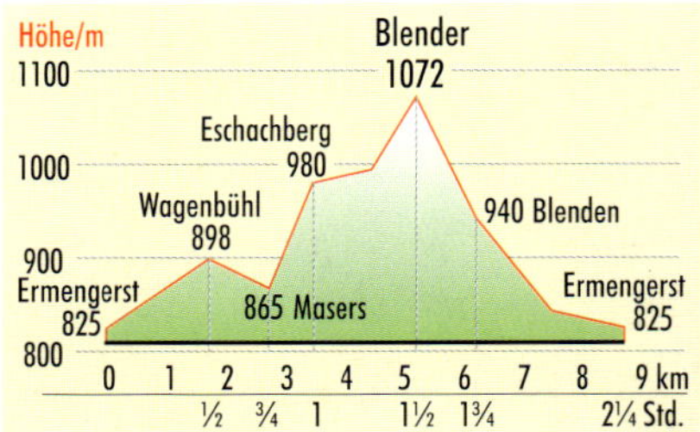

Karte: KOMPASS Nr. 187.

Nicht nur wegen der Präsentation der bezaubernd langen Gipfelkette nimmt der Blender unter den Kemptner Wanderzielen eine Sonderstellung ein. Es ist auch seine Vermittlerrolle zwischen dem stadtnahen Wiesenland und den schier endlosen Wellen des Kürnacher und Buchenberger Waldes, die ihn so anziehend macht. Bei der Kirche von **Ermengerst** zeigt uns der Wegweiser »Notzen« den Auftakt. Gleich in der ersten Kurve folgen wir geradeaus einem Gehweg bergauf zum Ortsende. Ein aussichtsreicher, gemütlicher Feldweg passiert Richtung Wegscheidel ein paar einzeln stehende Höfe. Auf einer Wiesenspur erreichen wir den Weiler **Wagenbühl** mit Kapelle.

Das verkehrsfreie Sträßchen hinunter zu den Häusern von **Masers** bietet vorzügliche Einblicke in die Allgäuer Hochalpen. Nach dem Gebäude der ehemaligen Masersmühle lenkt uns der Wegweiser »Blender« abermals auf eine Wiesenspur. Die deutlich anstei-

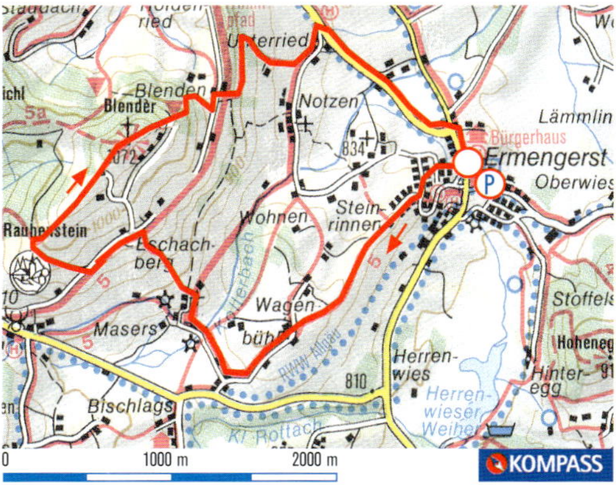

Nahe der Kirche des Wiggensbacher Ortsteils Ermengerst startet der vielleicht schönste Aufstieg zum Blender.

gende, zwischendurch weglose Route hält direkt auf den Blenderturm zu und schlägt bei einer Ruhebank einen Haken.

Im fast 1000 m hoch gelegenen Weiler **Eschachberg** bummeln wir auf schmalem Sträßchen an der geschindelten Kapelle vorbei und wählen beim letzten Haus den rechts abgehenden Feldweg. Wo sich der Blick in den Kürnacher Wald öffnet, leitet ein Wiesenpfad über den Rauhenstein genannten Bergrücken vollends empor zum **Blender**. Vom Fuße des 115 m hohen Fernmeldeturms begibt sich unser neugieriges Auge auf eine sehnsuchtsvolle Reise, die bei den Ammergauer Alpen beginnt, über die Zugspitze zu den Tannheimer Kalkzinnen führt und weiter über die rassigen Oberstdorfer Majestäten bis zu den Nagelfluhbergen verläuft.

Der jetzt nach »Wiggensbach« ausgeschilderte Pfad führt uns zu Beginn flach am Waldrand entlang und später innerhalb des Waldes bergab nach **Blenden**. Ein Sträßchen querend geht es dann im weiteren Verlauf auf einem Waldweg, der auch als Trimm-Dich-Pfad angelegt ist, Richtung Notzen nach Unterried. Hinein nach **Ermengerst** finden wir dann einen bequemen Radweg vor.

Hohenkapf, 1122 m

Versteckter Minigipfel am Eschacher Weiher

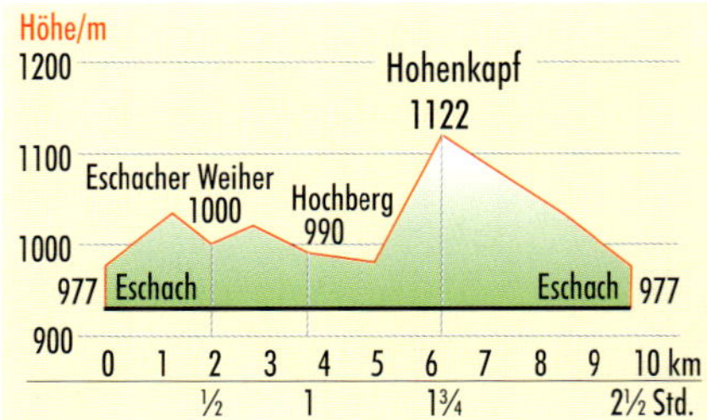

Ausgangspunkt: Buchenberg/Eschach, Bushaltestelle am Dorfende (Parkmöglichkeit am Straßenrand), 977 m.
Gehzeit: Hohenkapf 1¾ Std., Rückweg ¾ Std., gesamt 2½ Std.
Charakter: Kurzer Steilaufstieg zum Hohenkapf. Meist beschilderte Feld- und Forstwege, Pfade und kleine Abschnitte auf Sträßchen. Ein wenig Orientierungssinn vorteilhaft.
Einkehr: Brotzeitstube.
Karte: KOMPASS Nr. 187.

Hohenkapf nennt sich die höchste Erhebung im reichgestaltigen Buchenberger Wald im Süden des Eschachtals. Der selten besuchte Gipfel dieses unscheinbaren Waldschopfs über dem idyllisch gelegenen Eschacher Weiher mit seinen schützenswerten Hoch- und Übergangsmooren überragt sogar um ein paar Meter den wesentlich bekannteren Schwarzen Grat.

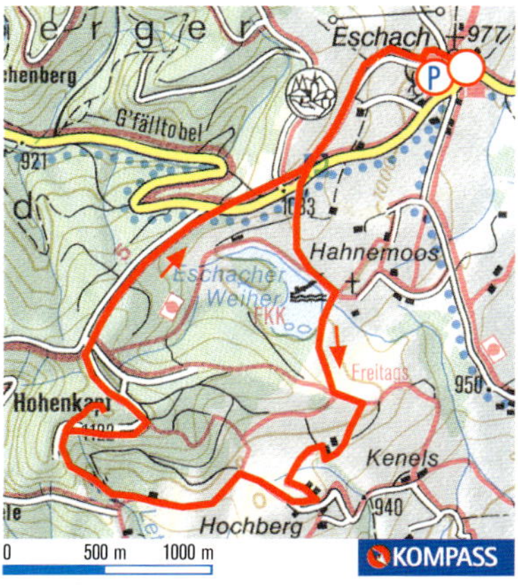

An der Kirche in **Eschach** nehmen wir das Anliegersträßchen bergan Richtung Eschacher Weiher. Wenig später wechselt die Route in einen aussichtsreichen Feldweg. An der nächsten Verzweigung halten wir uns geradeaus und kommen auf einer flachen Fahrspur zum Wanderparkplatz über dem Badesee. Dort quert man die Kreisstraße von Eschach und schlendert auf einem Wanderweg hinunter zum teils waldgesäumten, traumhaft gelegenen Eschacher Weiher mit kleiner FKK-Insel.
Links zum Ende des Sees spazierend, lenkt uns der Wegweiser »Brotzeitstube« auf einen sanft steigenden Wiesenpfad zu einem Aussichts-

Idyll aus Wasser und Wolken: der Eschacher Weiher.

punkt. Die Blickspanne reicht vom Blender über das Illertal und Buchenberg, die Ammergauer und Allgäuer Alpen bis zu den Höhenzügen Hauchenberg und Sonneneck. Bei einem Anwesen leitet ein Feldweg bergab zur Brotzeitstube. Auf schmalem Sträßchen geht's weiter zu den Häusern von **Hochberg**.
Wir wählen nun den mit »Hoher Kapf« beschilderten Feldweg. Auch nach kleinem Höhenverlust beachten wir dasselbe Schild und gelangen auf einer Pfadabzweigung über den bewaldeten Einschnitt des Letzbachs. Bis auf eine deftige Einlage steigen wir schließlich ohne große Anstrengung hinauf zum **Hohenkapf**. Am Beginn eines Forstwegs bringt uns ein Waldwegabstecher zum leider aussichtslosen höchsten Punkt, der etwas östlich des topographischen Steins abseits des Weges liegt.
Nach einer entspannenden Rast auf dem einsamen Gipfelchen gehen wir kurz zurück und wandern auf dem Forstweg über eine Kuppe. Zuletzt treffen wir auf dem bekannten Sträßchen wieder beim Wanderparkplatz am Eschacher Weiher ein, wo wir es dann nicht mehr allzu weit hinunter nach **Eschach** haben.

9

Hirschdorfer Illerschleife

Beschaulich von Stadtteil zu Stadtteil

Ausgangspunkt: Kempten/Heiligkreuz, Bushaltestelle an der Kirche (Parkplatz), 710 m; von Kempten Richtung Krugzell.
Gehzeit: Hirschdorf 1¼ Std., Rückweg 1 Std., gesamt 2¼ Std.
Charakter: Sanfte Steigung. Meist unbeschilderte Wirtschafts- und Fußgängerwege, Pfade und kleine Abschnitte auf stillen Sträßchen. Etwas Orientierungssinn angenehm.

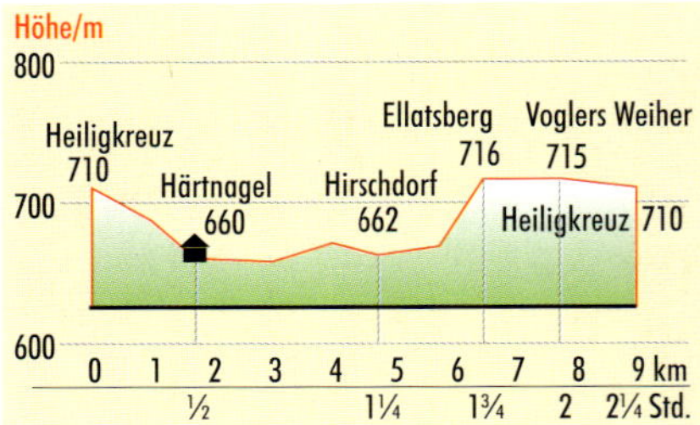

Einkehr: In Härtnagel.
Karte: KOMPASS Nr. 186.

An der schmucken Kirche in **Heiligkreuz** beginnt dieser relativ einfache, aber nachhaltige Ausflug über die abgelegenen nordwestlichen Kempter Stadtteile. Wir spazieren die Augustinerstraße bergab und zweigen bei der Wirtschaft auf den ansteigenden Fahrweg »Am Wald« ab. An einem Bauernhof vorbei begnügen wir uns kurz mit einer Pfadspur. Anschließend leitet ein Feldweg bergab nach Neuhausen. Man folgt dem Fußgängerweg neben der Straße von Kempten hinunter zu den Häusern von

Härtnagel und passiert das Marmor- und Granitwerk zum Illeruferweg.
Flussabwärts können wir nun die Frische des Auwaldes mit seinen betagten Pappeln und Weiden ganz in uns aufnehmen. An der Schranke in der Hirschdorfer Schleife begeben wir uns auf einen verschwiegenen Pfad, der an der Gärtnerei von Ajen und am Waldrand ent-

Artenreiche Waldinsel beim Weiler Reisachmühle.

lang nach Zollhaus leitet. Dort ist es rechts auf einem Feldweg nur noch ein Katzensprung nach **Hirschdorf**.

Beim einstigen Schloss, das Mitte des 15. Jh. Sitz der Herren von Hirschdorf und Reichenbach war und ein Jahrhundert später den Kempter Klosterfrauen von St. Anna als Zuflucht diente, queren wir die nach Krugzell führende Staatsstraße. Ein paralleler Fußgängerweg bringt uns zum Weiler Rappenscheuchen. Dort verlassen wir nun auf einem verkehrsfreien Sträßchen das Illertal und erreichen – mit weitem Ausblick – den Umkehrpunkt unserer Runde. Die Häuser von Bezachmühle lassen wir dann abseits liegen und gelangen so zu den Höfen von **Ellatsberg**.

Das Schild »6« weist jetzt auf einen flachen Wirtschaftsweg. Dieser zieht sich an einem bunt zusammengewürfelten Mischgehölz vorbei zu den beiden Anwesen von Reisachmühle. Am alten Fachwerkhaus geht ein Waldpfad ab, der uns in Kürze zum heute schweigenden Ufer von **Voglers Weiher** entführt. Dieses früher gefragte Badegewässer der Heiligkreuzer Jugend bietet eine letzte beschauliche Tourenunterbrechung. Zurück in Reisachmühle bummeln wir über die Kollerbachbrücke und treffen bald nach einer Straßenquerung wieder in **Heiligkreuz** ein.

10

Schwabelsberger Weiher

Bilderbuchlandschaft am Rande der Metropole

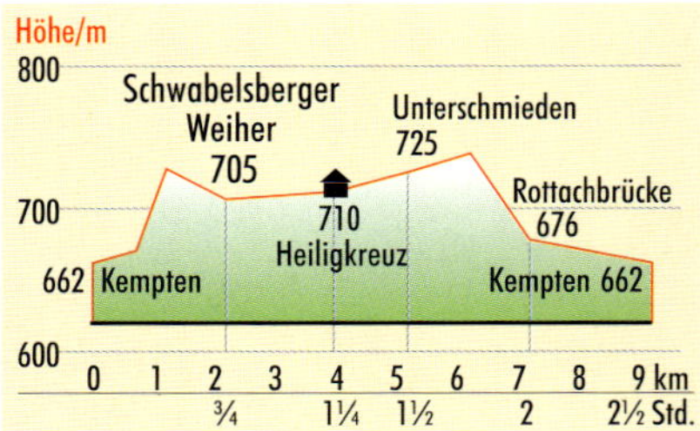

Ausgangspunkt: Kempten, Bushaltestelle Memminger Straße/Breite bei der Michaelskirche, 662 m; Parkplatz im Taxisweg.
Gehzeit: Heiligkreuz 1¼ Std., Rückweg 1¼ Std., gesamt 2½ Std.
Charakter: Leichter Aufstieg. Meist unbeschilderte Fußgänger- und Wirtschaftswege, kleine Abschnitte auf ruhigem Sträßchen, kurzer Pfad. Ein wenig Orientierungssinn ist vorteilhaft.
Einkehr: In Heiligkreuz.
Karte: KOMPASS Nr. 186.

Wir treffen uns zu der recht vergnüglichen Spritztour an der Michaelskirche im nördlichen Teil von **Kempten**. Die Oberwanger Straße bergab spazierend, entdecken wir links einen Gehweg, der in den Neuhauser Weg mündet. Nach der Neuapostolischen Kirche folgen wir einem weiteren Fußweglein an einem kleinen Bachtobel bergauf. Der stille und leichte Aufstieg leitet zwischendurch als Anliegersträßchen zum Aussichtskreuz »Auf der Halde« mit einer alten Zwillingslinde, von der sich allerdings bereits eine Hälfte verabschiedet hat.

Die vielgezackte Alpenkette setzt sich von hier oben bis zu den Ammergauer Bergen recht beachtlich in Szene.

Weiter geht es auf dem nördlichen Spazierweg. Nach kurzem Abstieg schlagen wir am Sportplatz die Gegenrichtung ein und queren bei den Hochhäusern von Thingers die Heiligkreuzer Straße in den Naturpark **»Schwabelsberger Weiher«**. In dem Rückzugsgebiet für bedrohte Tiere und Pflanzen besticht der Artenreichtum

Das stadtnahe Feuchtgebiet der drei Schwabelsberger Weiher.

an Bäumen und Sträuchern. Man umwandert nun die drei Weiher, besteigt dabei einen Aussichtsturm und erfährt mittels Schautafeln auch noch so manches über Geschichte und Flora und Fauna des Feuchtgebietes.
An der Weggabelung, wo der Weg das Schutzgebiet verlässt, halten wir uns rechts und bummeln auf dem Radweg hinaus zum ansprechenden Stadtteil **Heiligkreuz**.
Dort gehen wir an der blitzsauberen Kirche, einem ehemaligen Kloster, bergauf, und nehmen dann beim Gasthof »Zum Kreuz« die Tannachstraße. Hinter dem Sportplatz schwenken wir auf einen Wirtschaftsweg ab und halten uns an einer Verzweigung rechts.
Im Weiler **Unterschmieden** mit beachtenswertem Fachwerkhaus mündet der Weg wieder in das kaum befahrene Sträßchen ein. Am Siedlungsrand von Thingers benützt man die Wanderroute 12. Erst ein Gehweg, später dann ein Pfad begleiten uns jetzt den Heggerstobel talwärts nach **Kempten**.
Nach der Rottachbrücke wandert man auf einem Fußgängerweg am bewaldeten rechten Bachufer bergab zur Bushaltestelle »Äußere Rottach«. Ein romantischer Ausklang. Ein Gehsteig bringt uns zurück zum Startpunkt bei der Michaelskirche.

11

Mariaberg und Hohegg, 915 m

»Pfundige« Höhenwanderung im »wilden Westen«

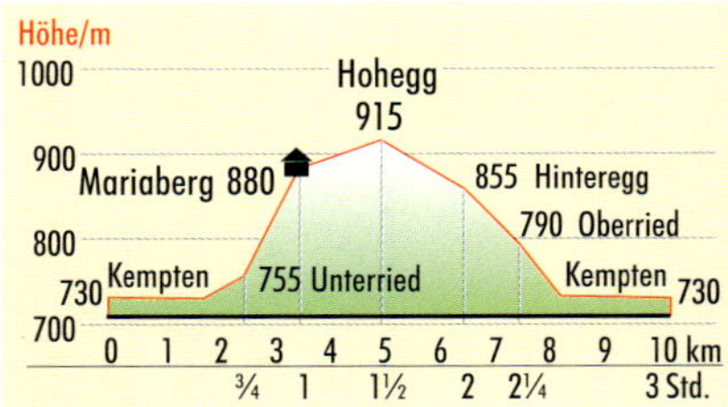

Ausgangspunkt: Kempten, Bushaltestelle in der Feichtmayrstraße, beim Stadtweiher am westlichen Ortsrand (Parkplatz), 730 m.
Gehzeit: Hohegg 1½ Std., Abstieg 1½ Std., gesamt 3 Std.
Charakter: Leichter Aufstieg. Teilweise bezeichnete Spazierwege und Pfade, Anliegersträßchen und kurze Wirtschaftswege.
Einkehr: In Mariaberg.
Karte: KOMPASS Nr. 187.

Diese kleine heitere Bergrunde durch die bewegte Landschaft im Westen von **Kempten** beginnt beim Café »Am Stadtweiher«. Wir begeben uns auf den Uferspazierweg und haben im weiteren Verlauf durch lockeren Auwald den Wildmoosbach als Begleiter. Am Ortsanfang des Stadtteils Rothkreuz queren wir die Staatsstraße und folgen dem Radweg durch das Siedlungsgebiet »Im Rothkreuz«. Nach der Rottachbrücke halten wir uns rechts und wählen an einer Gabelung den Pulvermühlweg.

Bald zweigt man auf ein steigendes Anliegersträßchen ab, das zum Anwesen **Unterried** führt. Eine Wegschleife überwindet nun einen Bachtobel und den ehemaligen Skilifthang. Hinter der Illerstadt fesselt das Alpenpanorama mit dem imposanten Zugspitzmassiv. Vom Einödhof Eppenried klettert die schmale Fahrbahn in engen Windungen, anregende Tiefblicke in zwei weitere Tobel gewährend, empor zu den Häusern von **Mariaberg**.

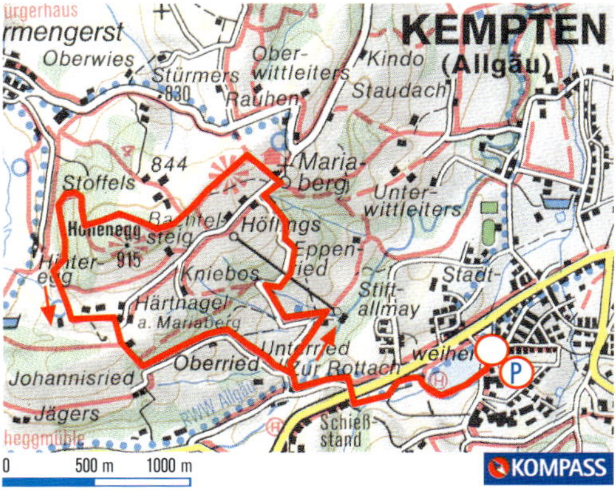

Hinter dem Kempter Stadtweiher ragt der Mariaberg auf.

Am gleichnamigen Landgasthaus mühen wir uns auf einem Waldpfad über Holztreppen zum Aussichtspunkt Mariaberg. Von ein paar Ruhebänken unter einer gedrungenen Kiefer lässt sich sogar noch das untere Illertal sehen. Ein Wiesenpfad folgt danach dem Höhenzug an einer Panoramatafel vorbei.

Der markanteste Blickfang ist neben den Oberstdorfer Bergspitzen der Hochvogel. Stets geradeaus haltend, gelangen wir auf einem Forstweg zum Aussichtspunkt **Hohegg** (auch Hohenegg geschrieben).

Nun leitet uns der vergnügliche Pfad Richtung Herrenwieser Weiher talwärts. An einer Verzweigung im Fichtenjungwald achte man auf das Rautenzeichen. Später geht's über der prächtigen Senke des Badesees am Zaun entlang zum Weiler **Hinteregg**. Dort bummeln wir kurz auf einem Wirtschaftsweg bergwärts, bis wir einen erneut mit »Herrenwieser Weiher« beschilderten Feldweg ausfindig machen. An einer Gabelung wählen wir den Fußgängerweg bergab Richtung Pulvermühle und treffen links auf einem schmalen Sträßchen in **Oberried** ein. Bald darauf stoßen wir wieder auf die uns bereits bekannte Route, die uns zurück zum Ausgangspunkt in **Kempten** bringt.

12

Zum Weiler Dreisenmühle

Mit Pioniergeist Richtung Süden

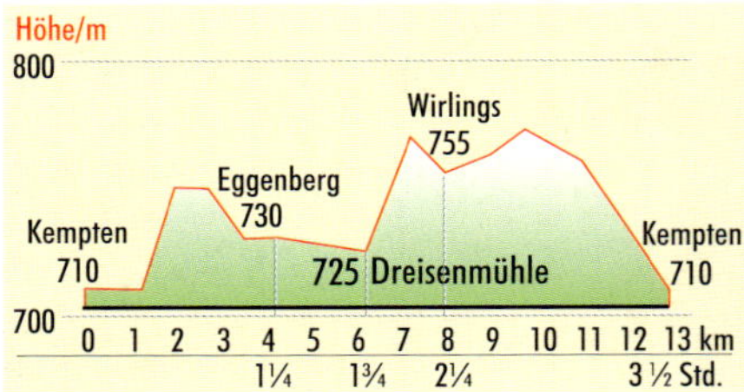

Ausgangspunkt: Kempten, Hauptbahnhof (Parkplatz), 710 m.
Gehzeit: Dreisenmühle 1¾ Std., Rückweg 1¾ Std., gesamt 3½ Std.
Charakter: Leichte Steigungen. Meist unbeschilderte Feld- und zum Teil schlechte Waldwege, stille Sträßchen und kurze Abschnitte auf Pfadspuren. Orientierungssinn erforderlich.
Karte: KOMPASS Nr. 187, 188.

Den Städter zieht es stets nach Süden, und sei es nur vor die Tore der Stadt. Unter den Kempter Wandergebieten bildet diese Himmelsrichtung, was das Routennetz anbelangt, allerdings das Schlusslicht. So weist auch die vorliegende Tour eine etwas verhaute, aber den Pioniergeist weckende Etappe auf.

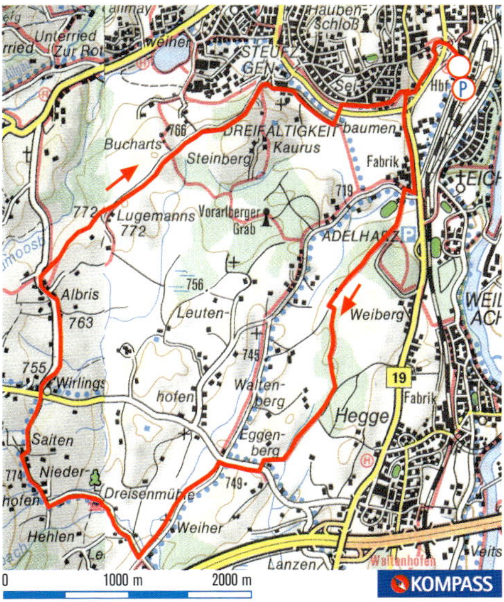

Am Hauptbahnhof in **Kempten** lenkt das Schild »Oberstdorf« auf einen Gehweg, der neben der Bahnhofstraße stadtauswärts führt. Am Edelweißwerk biegen wir in den Adelharzer Weg ein und achten danach auf die Abzweigung des Naturlehrpfades.
Eine kurze Wiesenspur leitet zu einem Lehr-Bienenstand.
Nun geht's auf einem Forstweg zur Mischwaldhöhe Oberes Weißholz. An der Station »Heimisches

»Ziegen-Klettergarten« in Niederhofen.

Wild und Vogelschutz« biegt rechts ein Waldweg ab zu einer Gabelung. Dort hält man sich wieder rechts und folgt nach einem Weidedurchgang der auf die Nagelfluhberge zuhaltenden, schwachen Pfadspur, die wenig später in einen Feldweg wechselt.

An der nächsten Verzweigung spazieren wir kurz bergan und wählen an der Gabelung hinter einem weiteren Weidedurchgang den rechten Waldweg an einer Wildfütterung vorbei. Am auftauchenden Lichtungseck führt links ein undeutlicher Pfad über einen winzigen Bachgraben. Anschließend fällt die Pfadfinderei rechts leicht auf einem eher schlechten Waldweg. Ab den unteren Anwesen von Waltenberg verläuft ein Feldweg durch eine Wiesensenke zum Waltenhofner Weiler **Eggenberg**. Auf der Straßenkuppe nehmen wir die Route nach Leuten und kommen dabei über die Weiherbachbrücke. Das schlängelnde Wasser als Begleiter, passiert man beim benachbarten Gebäude der ehemaligen **Dreisenmühle** einen geschützten Eichenveteran. Der stets stille Kurs führt uns in wenigen Kurven bergauf zum Weiler Niederhofen. In **Wirlings** achten wir auf das Schild »Kempten« und wählen hinter Albris den rechten Wirtschaftsweg zur Anhöhe von Lugemanns mit vortrefflichem Ausblick zu den hohen Allgäuer Bergregenten. Durch ein Waldstück gelangt man zum Stadtteil Kaurus, bevor – nach dem Dreifaltigkeitskirchlein – ein Fußweg zurück zum Hauptbahnhof **Kempten** leitet.

Bachtelweiher

Spritztour für ein kurzes Zwischenhoch

Ausgangspunkt: Kempten, Bushaltestelle »Schuhmacherring« im Stadtteil »Auf dem Lindenberg« (Parkmöglichkeit), 700 m.
Gehzeit: Bachtelweiher ¾ Std., Rückweg 1½ Std., gesamt 2¼ Std.
Charakter: Leichte Anstiege. Kaum beschilderte Fußgänger- und Wirtschaftswege, verkehrsfreie Sträßchen.

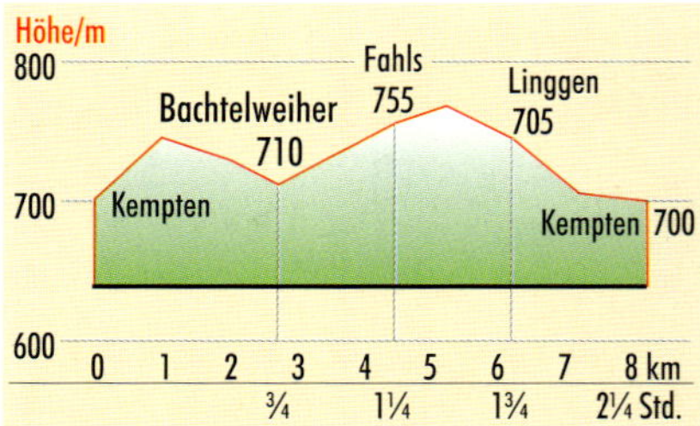

Karte: KOMPASS Nr. 188.

Unsere kleine Erholungsrunde durch den nahen Osten von **Kempten** beginnt bei der Bushaltestelle »Schuhmacherring«. Wir queren die Bahngeleise Richtung Bachtelmühlsiedlung und biegen in den Kirchenweg ein. Die Straße »Am Alpenblick« bergan spazierend, stoßen wir auf ein Fußweglein, das uns zu einer Anhöhe leitet. Man genießt dabei ein ausgezeichnetes Gebirgspanorama von den Tannheimern bis zum Hochgrat. Sogar der klobige Widderstein zeigt sich.

Ein Privatsträßchen führt weiter über den Höhenzug zu den beiden Bauernhöfen des Stadtteils Hinterholz und bergab zu den verstreuten Häusern von Moos. Vor der A 7 gehen wir über die Bahnbrücke und auf einem Wirtschaftsweg talwärts, wobei wir entlang einer verträumten Schilfzone östlich den **Bachtelweiher** passieren. Danach schwenken wir links in einen Fußgängerweg ein und gelangen auf einem steigenden Anliegersträßchen nach Rößlings (auch »Röslings«). Auf einem Wirtschaftsweg geht's kurz hinunter zur Kreuzung am Autobahn-Klärbecken, rechts über die Brücke des Bach-

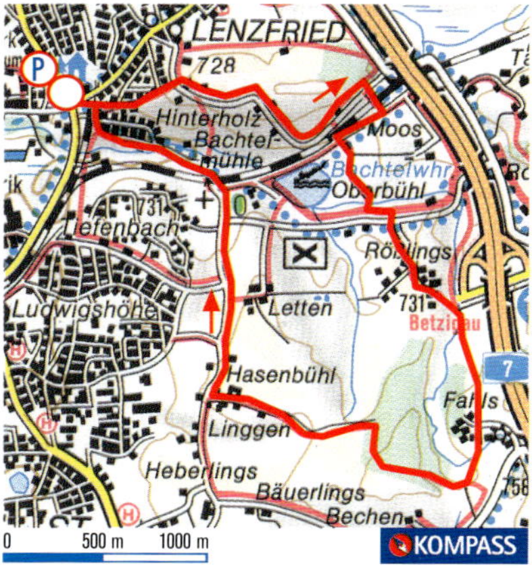

Beliebtes Badegewässer: Der Bachtelweiher bei Lenzfried

telweiher-Zuflusses und erneut kurz bergauf zum Duracher Ortsteil **Fahls**, den wir durch eine Birkenallee erreichen. Geradeaus nochmals den im Gehölz versteckten Bach überschreitend, leitet ein Querweg über eine Waldkuppe zum Weiler **Linggen**. Unterwegs ergeben sich herrliche Ausblicke über den Duracher Talkessel in die Berge und übers Illertal zum Blender. Zum Schluss wandern wir gemütlich auf einem ruhigen, kaum befahrenen Sträßchen an den zwei benachbarten Anwesen von Hasenbühl vorbei.
Anschließend geht es nach den Schrebergärten auf einem Fußgängerweg wieder bergab zur schon betagten Bahnunterführung und zurück nach **Kempten**.

Archäologischer Park Cambodunum

Im Stadtteil »Auf dem Lindenberg« kann man im Archäologischen Park die Vergangenheit der römischen Stadt Cambodunum, einer der ältesten deutschen Städte, nacherleben. Die Anlage besteht erstens aus der gelungenen Teilrekonstruktion eines gallorömischen Tempelbezirks im Maßstab 1:1, zweitens aus den Kleinen Thermen, einer antiken Bade- und Freizeitanlage der einstigen Römerstadt mit originalen Grundmauern, Böden, Heizkeller und Kanälen, und drittens aus dem Forum, Zentrum des einstigen städtischen und öffentlichen Lebens und dem Heiligen Bezirk. Bereichert wird der historische Komplex durch beachtenswerte Ausstellungen.
Kempten, Tel. 0831/726 78 und 797 31, Öffnungszeiten täglich außer Mo 10.00–16.30 Uhr (Januar und Februar geschlossen).

Durchs Leubastal nach Wildpoldsried

Auf Schleichwegen in Feuchtgebieten

Ausgangspunkt: Betzigau, Bushaltestelle am westlichen Dorfrand, 728 m; Parkplatz bei der nahen Kirche.
Gehzeit: Wildpoldsried 1½ Std., Rückweg 1¼ Std., gesamt 2¾ Std.
Charakter: Einfache Steigungen. Überwiegend unbeschilderte Wirtschaftswege und ruhige Straßen, längerer Abschnitt auf etwas feuchter Pfadspur. Orientierungssinn ist vorteilhaft.
Einkehr: In Wildpoldsried.
Karte: KOMPASS Nr. 188.

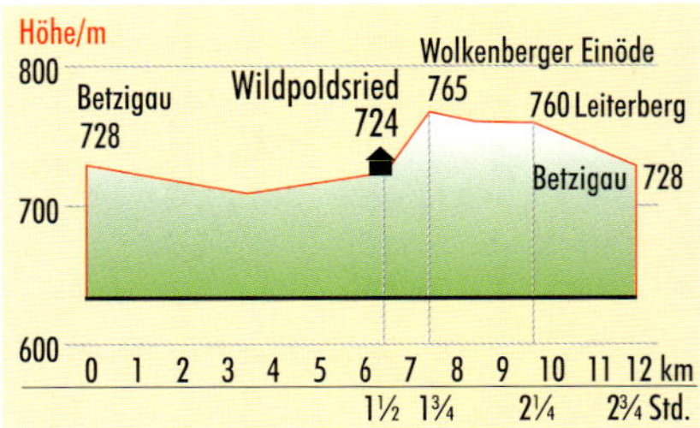

Treffpunkt für diese einsame Genießertour ist die Bushaltestelle am Ortsanfang von **Betzigau**. Die Wagegger Straße wechselt nach dem Bahnübergang in einen Wirtschaftsweg, der den Betzigauer Bach begleitet. An einer Gabelung mit Flurkreuz gehen wir rechts und unter der B 12 hindurch. Noch vor den Schrebergärten entscheiden wir uns für eine Abzweigung und schlendern erneut am Bach entlang. Der etwas ungepflegte Kurs entführt uns ins schweigende Betzigauer Moos mit weiten Feuchtwiesen, artenreichem Gehölz und reiz-

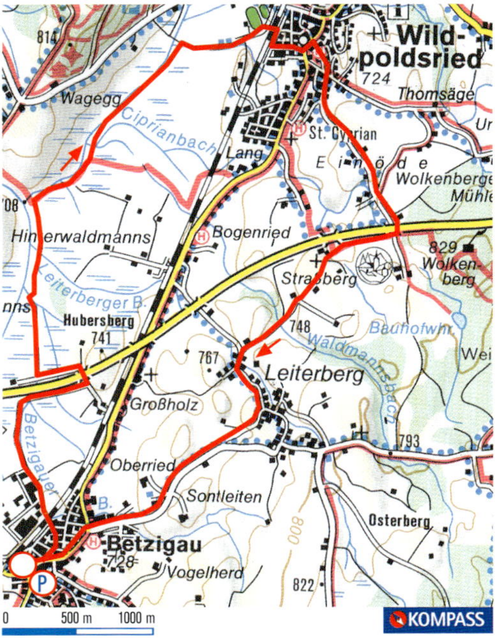

Unterwegs im vielgestaltigen Betzigauer Moos.

vollen Schilfzonen. Am Ende der letzten Eiszeit füllte dieses Becken noch ein riesiger Schmelzwassersee.
Nach Überschreiten des Wasserlaufs mündet die Route in einen besseren Querweg. Anschließend trägt uns eine Brücke über den Leiterberger Bach. An der Gabelung vor der Leubasbrücke, unter der Wagegger Höhe, wandert man nun rechts an der träge strömenden Leubas entlang. An einer Verzweigung links haltend, findet man nur noch eine etwas feuchte Wiesenspur vor, die weiter dem Flüßchen folgt und von den Wildpoldsriedern gerne zu Spaziergängen benutzt wird. Das Schild »Wildpoldsried« lassen wir unberücksichtigt. Als nächstes ist der Ciprianbach zu queren. Vor einer weiteren Brücke folgen wir ebenfalls auf einer Pfadspur dem Klärkanal. Beim Sportplatz von **Wildpoldsried** schleichen wir durch die Fußgänger-Bahnunterführung zu den Tennisplätzen und streben der Dorfmitte zu, wo mehrere Einkehrmöglichkeiten zu einer Tourenunterbrechung verlocken.
Nach der Kirche verlangen die Berg- und Burgstraße hinauf zu den Höfen der **Wolkenberger Einöde** erstmals ein bescheidenes Engagement ab. Doch Richtung Bauhof geht's schon wieder auf einem flachen, verkehrsfreien Sträßchen dahin. Nach der B 12-Unterführung bummeln wir über Straßberg und die Senke des Waldmannsbachs, zwischendurch auf einer Naturfahrbahn, nach **Leiterberg**, vor uns der Blender.
Anfangs folgt man dem Leiterberger Bach bergan durch das idyllische Örtchen und hält sich nach der Hausnummer 8 rechts. Auf einer wenig befahrenen Straße mit hübschem Bergblick kehrt man zurück nach **Betzigau**.

Dürrer Bichl und Knollerhag, 954 m

Die höchsten Erhebungen des Kempter Waldes

Ausgangspunkt: Betzigau/Möstenberg (Bushaltestelle), 885 m; Parken am Straßenrand auf der Kuppe am oberen Ortsrand.
Gehzeit: Dürrer Bichl 1¾ Std., Knollerhag ½ Std., Rückweg 1¼ Std., gesamt 3½ Std.
Charakter: Kleine Steigungen. Zum Teil beschilderte Forstwege und kurze Pfade. Ein wenig Orientierungssinn vorteilhaft.
Einkehr: In Hauptmannsgreut.
Karte: KOMPASS Nr. 188.

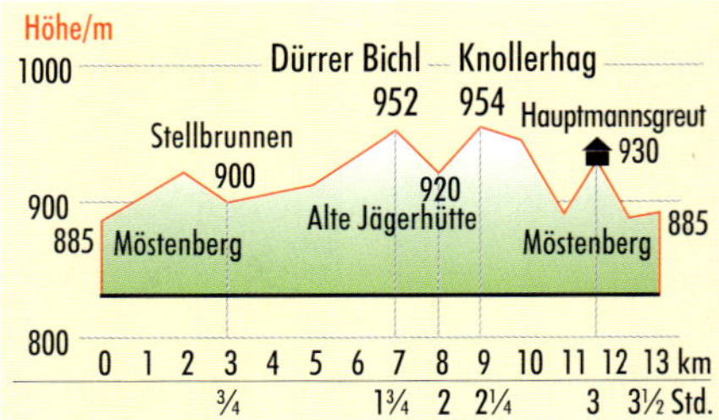

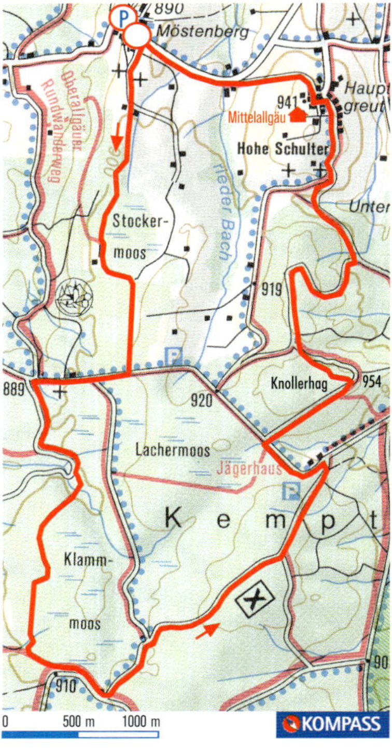

An der Bushaltestelle in **Möstenberg** machen wir uns auf den Weg durch die »grüne Lunge« des Allgäus. Beim oberen Ortsrand folgen wir an der Kapelle einem Wirtschaftssträßchen. In der ersten Kurve entführt uns ein Waldweg in den zu Beginn noch lockeren Kempter Wald. Nach kurzer wegloser Weide zweigt vor einem Stadel links ein Pfad ab. Ein Holzsteg trägt uns beim Stockermoos über einen kleinen Bach. Bald biegen wir rechts wieder in einen Waldweg ein und nehmen am Wiesenende die Kempter-Wald-Straße bergab zum Grillplatz **Stellbrunnen**.
Danach weist das Schild »Dengelstein« auf einen Forstweg. An der kommenden Gabelung

Am Nordrand des Kempter Waldes bei Hauptmannsgreut

links haltend, wird der Bannholzbach gequert. Bei dem von Blaubeergestrüpp überzogenen Klamm-Moos verschmälert sich der Fahrweg zum Wurzelpfad. Erneut auf einem Forstweg, bleiben wir der breiten Hauptroute treu, die zum Schwäbisch-Allgäuer-Wanderweg führt. Buchen und Birken, Ahorn und Eschen, Erlen und Espen mischen sich ins Nadelgrün.

An der Weggabel auf schwacher Steigung hält man sich noch Richtung Stellbrunnen. Am Rande des Naturwaldreservates **Dürrer Bichl**, der zweithöchsten Erhebung des Waldes, wandern wir über eine Windwurffläche und erreichen auf einer Lichtung die **Alte Jägerhütte** (auch »Jägerhaus«) mit Kapelle. Der links führenden Waldstraße kehren wir an der nächsten Kreuzung Richtung Gasthof Mittelallgäu den Rücken. Auf dem **Knollerhag** mit Panoramatafel, der mit einer Ausschau über das Fichtenmeer zu den Ammergauer und Tannheimer Gipfeln überrascht, steigt ein kurzer Pfad zum höchsten Punkt des Kempter Waldes.

Die jetzt mit »Hauptmannsgreuth« beschilderte, undeutliche, aber mit einem Auerhahn markierte Wanderroute mündet bei einer Wildfütterung wieder in den Forstweg. Erneut lassen wir uns vom Täfelchen »Gasthof Mittelallgäu« den Kurs zeigen und treffen nach deutlichem Höhenverlust und kleinem Gegenanstieg in **Hauptmannsgreut** ein. Am genannten Wirtshaus hält man sich rechts und gelangt auf einem Wirtschaftsweg, später auf einer Wiesenspur bergab zur Wollspinnerei, wo man von der Straße hinauf nach **Möstenberg** aufgenommen wird.

Sulzberger See

Entdeckungswanderung ohne Leistungsdruck

Ausgangspunkt: Durach, Bahnhof (Parkplatz), 714 m. **Gehzeit:** Sulzberger See ¾ Std., Sulzberg 1 Std., Rückweg 1¾ Std., gesamt 3½ Std. **Charakter:** Kleine Anstiege. Zum Teil beschilderte Wirtschafts- und Wanderwege, meist ruhige Sträßchen, kurzes Stück weglos.

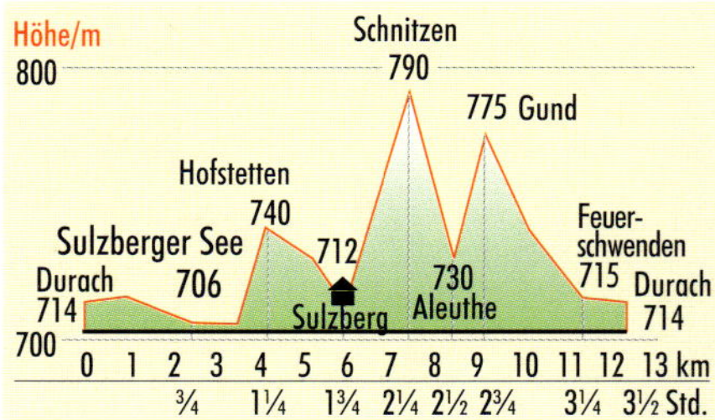

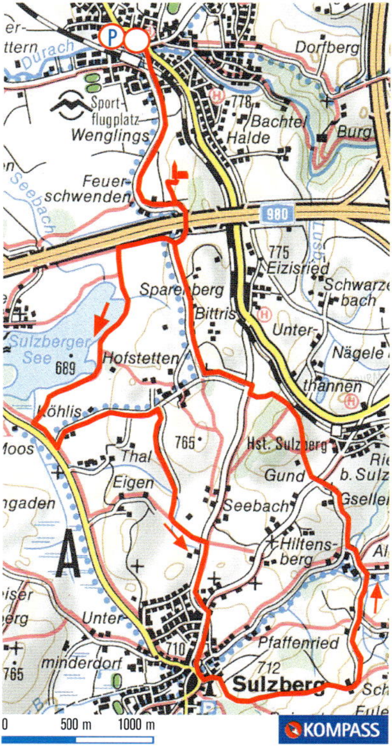

Einkehr: In Sulzberg.
Karte: KOMPASS Nr. 188.

Beginnen wir die gemütliche Runde am Bahnhof in **Durach**. Vom Rathaus bringt uns die Bürgermeister-Batzer-Straße über die Geleise und am Flugplatz vorbei nach **Feuerschwenden**. Am Ortsende wollen wir uns den Abstecher auf einem gelungenen Kreuzweg zur individuellen Kapelle nicht entgehen lassen. An der Gabelung nach der A7-Unterführung schlendern wir auf einem Wirtschaftsweg bergab zum **Sulzberger See**. Der hübsche Wanderweg zur Sandbank führt am einsamen Badeufer und später an einer Schilfzone entlang durchs Naturschutzgebiet. Mehrere Stege überbrücken Feuchtstellen.

Auf einem Radweg geht's nach Köhlis und auf ver-

Der stimmungsvolle Sulzberger See im Kempter Süden nennt sich auch Öschlesee.

kehrsfreiem Sträßchen bergan zum Weiler **Hofstetten**. Am Ortsbeginn wandern wir zur Einöde Thal und nach etwas Höhenverlust auf einem Wirtschaftsweg zu den Häusern von Seebach. Nahe der Einmündung in die von Eizisried kommende Straße erinnert in der Weide ein Gedenkstein an die einstige Burg mit Vogtei Seebach. Wenig später treffen wir in **Sulzberg** ein.

Hinter dem schlanken Kirchturm wählt man den Pfarrweg und an einer Straßeneinmündung den bergwärts leitenden Hohlweg. An einer Verzweigung nimmt man den rechten Feldweg und spaziert an der nächsten Gabelung geradeaus über Viehweiden an einem Tobel entlang. Zur Einöde **Schnitzen** muss man sich mit einem weglosen Stück begnügen. Für Fußgänger besteht hier ein altes Gehrecht, zudem sind Weidedurchgänge eingerichtet. Ein Bauernsträßchen fällt nun leicht über den Weiler Pfaffenried nach **Aleuthe** mit dem Fachwerkbau des Sägewerks ab.

Eine Brücke trägt uns über den Sulzberger Bach. Auf der ruhigen, steigenden Straße Richtung Sulzberg-Ried passieren wir den Einödhof Gsellen. Nach Queren der Straße von Sulzberg lassen wir uns beim Hof **Gund** vom Schild »Durach« den Weiterweg zeigen. Ein Feldweg leitet am Kreislehrgarten von Ried vorbei. Nach einer Waldkuppe bummeln wir auf stillem Sträßchen bergab zur Hofstettner Kapelle. Dort gehen wir Richtung Bittris, lassen jedoch auf dem aussichtsreichen Finale diese Häuser sowie jene von Sparenberg rechts liegen. Bei **Feuerschwenden** mündet das Sträßchen in den bekannten Kurs nach **Durach**.

Waldgasthaus Tobias und Sinkmoos

Herber Moorduft im Durach-Quellgebiet

Ausgangspunkt: Durach/Bodelsberg, Bushaltestelle am Gasthof Adler, 896 m; Parkplatz hinter dem Wirtshaus.
Gehzeit: Waldgasthaus Tobias 1¼ Std., Sinkmoos ½ Std., Rückweg ½ Std., gesamt 2¼ Std.
Charakter: Mäßige Steigung. Meist bezeichnete Forstwege und Pfade.
Einkehr: Waldgasthaus Tobias.

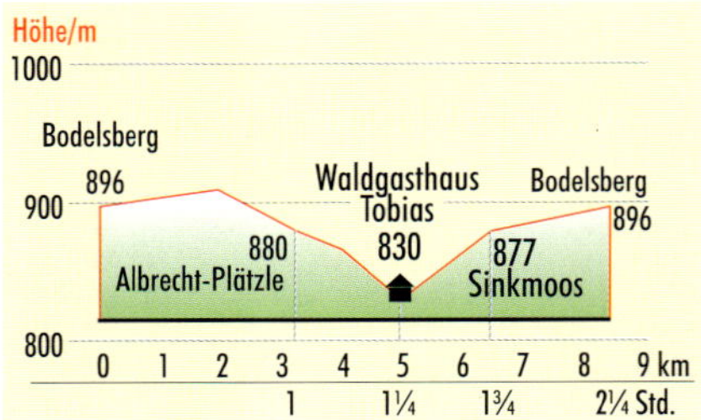

Karte: KOMPASS Nr. 188.

Zu den jungen Wassern der Durach führt uns dieser spannende Routenverlauf durch die Südwestecke des Kempter Waldes. Wir nehmen in **Bodelsberg** am Gasthof Adler kurz die Kreisstraße Richtung Görisried. Am Ortsende dirigiert uns dann der Wegzeiger »Rundweg-Sinkmoos-Tobias« auf einen geteerten Wirtschaftsweg. Später begleitet ein gemütlicher Pfad den Waldsaum. Nach einem Bachsteg über den Durach-Oberlauf biegen wir rechts in einen Forstweg ein. An einer Verzweigung geht's kaum spürbar bergan Richtung Alte Jägerhütte, hinein in den Kempter Wald.
Wir bummeln über eine Kuppe und halten uns an einer Gabelung talwärts. Ein kleiner Bachlauf wird überschritten, dann kommen wir zur winzigen Forsthütte **Albrecht-Plätzle**. Man bleibt mit einer weiteren Durach-Querung dem Talkurs treu, spaziert an einem Tobel entlang und erreicht zuletzt auf befestigter Fahrbahn nach einer nochmaligen Durachbrücke an der Öffnung des Waldes das beliebte Aus-

In der Südwestecke des Kempter Waldes lockt bei Bodelsberg das verschwiegene Sinkmoos den Naturfreund zu einem Abstecher.

flugsziel **Waldgasthaus Tobias**. Nach verdienter Einkehr gehen wir zurück zum Teerende und lassen uns erneut von der Tafel »Rundweg Sinkmoos« den Kurs weisen. Diese Route Richtung Bodelsberg ist identisch mit dem Oberallgäuer Rundwanderweg. An der Wegteilung nach längerer mäßiger Steigung lohnt sich ein kleiner Abstecher. Wir halten dazu noch den Kurs Sinkmoos und zweigen in der Kurve kurz darauf geradeaus auf eine mit dünnen Rundhölzern ausgelegte Fahrspur ab. Diese entführt uns auf dem Linggenberg in das **Sinkmoos**. Das verschwiegene und ein herbes Aroma verströmende Hochmoor fesselt mit leuchtenden Birkengruppen und üppig verteilten Moorkiefern, den so genannten Spirken.

Am Jagdsitz bei einem Wildackerstreifen, einem lauschigen Plätzchen, kehren wir um, da der frühere Fußpfad verwachsen ist. Wir nehmen den Kurs Bodelsberg wieder auf, wandern über Waldwiesen und kommen an einer Wildfütterung vorbei. Auf einem Wanderweg geht's über den Steg des Langeneckbachs.

Zum Schluss passiert man ein paar Nagelfluhfindlinge und einen stattlichen Zwillingswacholder, bevor man wieder in **Bodelsberg** eintrifft.

Über die Mariengrotte nach Laudorf

Zwischen Waltenhofer Bach und Iller

Ausgangspunkt: Waltenhofen, Bushaltestelle an der Kirche (Parkplatz), 721 m.
Gehzeit: Mariengrotte ½ Std., Rückweg 1¼ Std., gesamt 1¾ Std.
Charakter: Kaum Steigungen. Meist unbeschilderte Wirtschaftswege und Pfade, ruhige Sträßchen.
Einkehr: In Rauns.
Karte: KOMPASS Nr. 188.

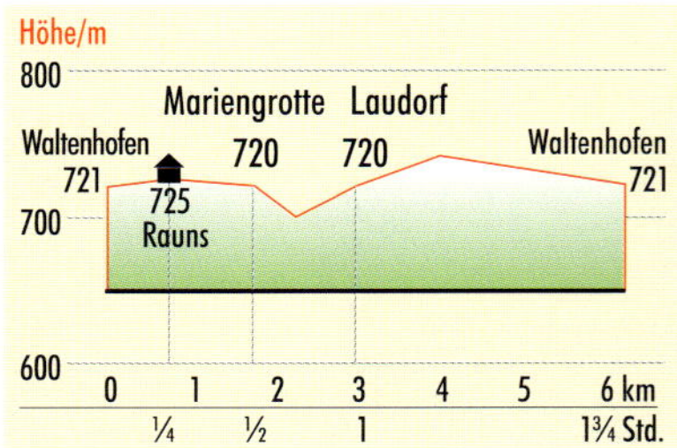

Diese Tour stellt eine der wenigen Rundwandermöglichkeiten der Gemeinde Waltenhofen dar, auch wenn in manchen Landkarten die verlockendsten Phantasiewege umhergeistern mögen. Wer etwa vom Dorf den Uferweg am Waltenhofer Bach nach Fischen sucht, wird ebenso enttäuscht sein wie jene, die einen Durchgang von Fischen zum Illerwanderweg ins Auge fassen: Brennesseln, Gestrüpp, Verbotsschilder. Des Menschen Wille ist also doch nicht immer sein Himmelreich.

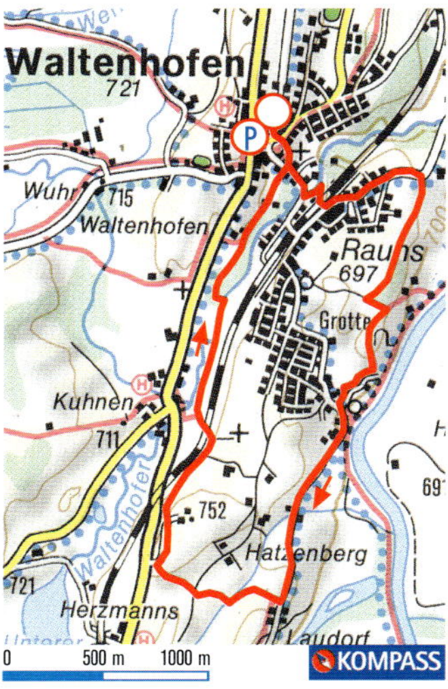

In **Waltenhofen** führen von der Kirche Gehwege am Friedhof vorbei und bergab zur Brücke über den Waltenhofer Bach. Anschließend schwingt sich ein separater Fußgängerweg im Nu durch ein Wäldchen und über eine Treppe hinauf nach **Rauns**. Wir spazieren über die Bahnlinie und nehmen links den Gehsteig der Werdensteiner Straße. Außerhalb des Ortsteils lenkt die Beschilderung »Zur Grotte« auf einen reizvollen Wiesenpfad, der über dem Illertal auf den Grünten zuhält.

Kurz nach Queren eines Sträßchens sind es nur noch ein paar Schritte zu der in einem auffallenden Mischwäldchen versteckten **Mariengrotte**. Die eigenwil-

Das Kirchlein von Rauns.

lige, aus unzähligen Steinen verschiedenster Art errichtete Andachtsstätte findet Schutz unter einem in etwa vier Meter Höhe sich wölbenden Firmament. Daneben entdeckt man noch eine bescheidene Jesusgrotte und einen Kreuzweg.

Ein Feldweg bringt uns nun hinunter zum südlichen Ortsrand von Rauns. Auf einem ruhigen Sträßchen wandern wir an der Kirche vorbei nach **Laudorf** mit einer auffallenden Miniaturkiefer. In der Mitte des Weilers zweigt ein Wirtschaftsweg ab, der über eine Anhöhe leitet. Die Hatzenberger Höfe bleiben rechts liegen. An der Kiesgrube Herzmanns wechselt die Route kurz in ein Anliegersträßchen, dann begleitet uns die Bahnlinie, wobei zwischendurch die Geleise gequert werden.

Bei der nächsten Unterführung trägt uns eine Fußgängerbrücke über den Waltenhofer Bach. Der Waldweg am leise rauschenden Wasserlauf entlang beschert einen harmonischen Tourenausklang. Kurz vor dem Dorf erinnert ein Gedenkstein an die einstige Mahl- und Sägemühle von **Waltenhofen**, vormals Burgmühle.

Widdumer Weiher

Naturoase aus zweiter Hand

Ausgangspunkt: Sulzberg/Ottacker, Bushaltestelle bei der Kirche (Parkplatz), 750 m.
Gehzeit: Widdumer Weiher 1 Std., Rückweg 1¼ Std., gesamt 2¼ Std.
Charakter: Unwesentliche Anstiege. Überwiegend beschilderte Wirtschaftswege, mitunter feuchte Pfadspuren und verkehrsarme Straßen, kurzer wegloser Abschnitt.

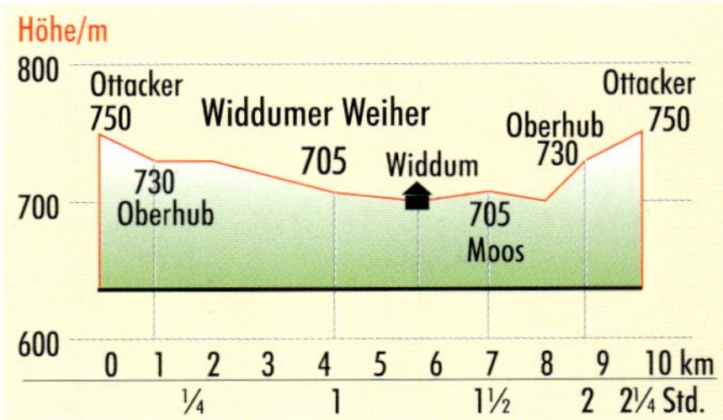

Einkehr: In Widdum.
Karte: KOMPASS Nr. 188.

Stressfreies und doch begeisterndes Alpenvorland-Wandern. Ein kaum befahrenes Sträßchen mit hervorragendem Ausblick übers Illertal zu Hauchenberg, Stoffelberg und Blender verbindet die Kirche in **Ottacker** mit dem Ortsteil **Oberhub**. Nach kurzem Talkurs schwenken wir zum Einödhof Zehren ab.
Jenseits eines Bächleins ist der leicht steigende Feldweg ein kleines Stück durch eine Viehweide unterbrochen. Ab einer Verzweigung geht's teils auf Feldwegen, teils auf amüsanten, mitunter feuchten Pfadspuren durch eine herrlich ursprüngliche Streuwiesensenke zum Naturschutzgebiet **Widdumer Weiher**.
Entlang des Waldufers schlendern wir zum Auslauf des zauberhaften Gewässers und lassen uns von der Beschilderung »Häusern« den Weg zur Fischerhütte im Waltenhofer Weiler Widdum zeigen. Dort kann man sich eine leckere Fisch-Brotzeit servieren lassen. An der Einmündung in die Straße von Martins-

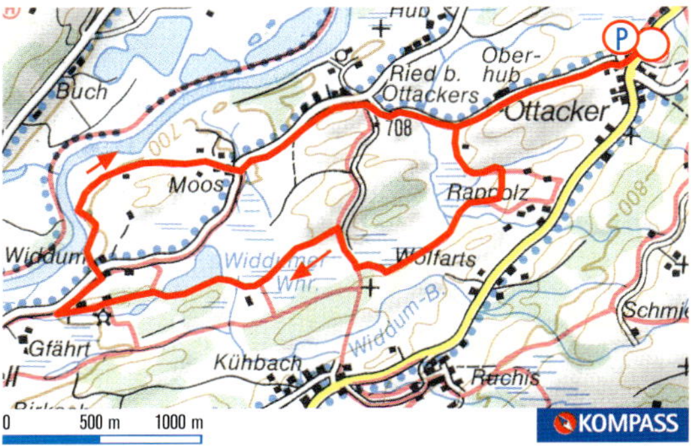

Der Widdumer Weiher im Illertal bei Martinszell.

zell gehen wir kurz zurück zu den nördlichen Häusern von Widdum und schlagen an der Bushaltestelle den Feldweg zu den Illerstromschnellen ein.
An der Gabelung bei einem Tümpel wandert man anschließend rechts zu den Anwesen von **Moos**. Dort leitet links die bekannte, stille Straße zum Sulzberger Weiler Ried. Nach einem sanften Anstieg geht es von **Oberhub** auf der Startetappe zurück nach **Ottacker**.

Naturidyll Widdumer Weiher

Man sieht dem seerosengeschmückten Widdumer Weiher seinen künstlichen Aufstau auf den ersten Blick nicht mal an, so harmonisch schmiegt er sich in die sanft hügelige Umgebung. Die vom letzten Eiszeitgletscher modellierte Senke füllte einstmals ein natürlicher Schmelzwassersee, der jedoch irgendwann verlandet war. Das im Mittelalter vom Ritter Konrad von Sulzberg für 1000 Pfennige an das Kloster Kempten verkaufte Gewässer ist heute ein wichtiges Rückzugsgebiet für gefährdete Pflanzen und Tiere, aber auch für die Zugvögel. Stillgewässer und Flachwassergebiete, Verlandungszonen sowie Nieder- und Übergangsmoore liegen unmittelbar beieinander. 1991 erwarb die Kreisgruppe Oberallgäu des Landesbundes für Vogelschutz, unterstützt von so manchem Spender, das nicht allzu weit vom Illerufer entfernte Feuchtbiotop.

Von Moosbach nach Schmieden

Einfache Aussichtsrunde am Rottachsee

Ausgangspunkt: Sulzberg/ Moosbach, Bushaltestelle in der Ortsmitte, 890 m; Parkplatz bei der Kirche.
Gehzeit: Schmieden 1¼ Std., Rückweg 1 Std., gesamt 2¼ Std.
Charakter: Gemütliche Steigungen. Meist beschilderte Wirtschaftswege und stille Sträßchen, kurzer Pfad.
Karte: KOMPASS Nr. 188.

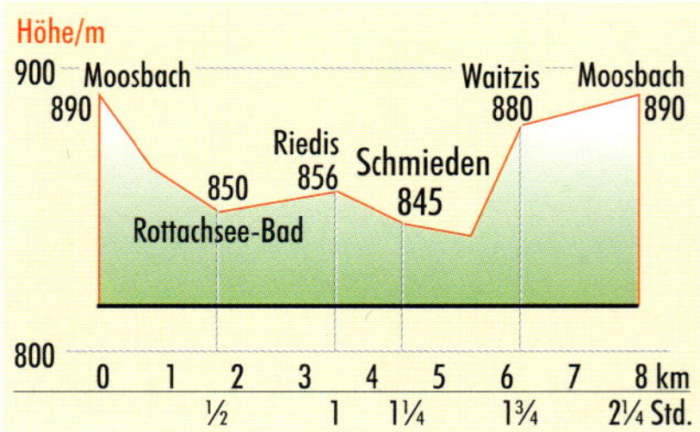

Besonders an Wochenenden und Feiertagen pilgern die Natursüchtigen nicht selten in ganzen Heerscharen um den schlanken Rottachsee. Doch nicht nur der zugegeben vortrefflich angelegte Rundweg lohnt einen Besuch dieser malerischen Ecke. Eine Vielzahl empfehlenswerter Wanderwege strebt vom bunten Treiben an und auf dem beliebten Freizeitgewässer über entlegene Weiler und Einöden den aussichtsreichen Höhen entgegen. So auch der folgende Routentipp von der Moosbacher Grotte nach Schmieden, auf dem man bestens die Seele baumeln lassen kann.

Wir starten in der Ortsmitte von **Moosbach** Richtung Bodelsberg und zweigen am Dorfrand auf den Grottenweg ab. Nach dem Gasthaus geht es auf einem geteerten Wirtschaftsweg, später auf einem Pfad mit Ausblicken über den Rottachsee an einem bewaldeten Bachgraben bergab zu einem Nagelfluhfindling.

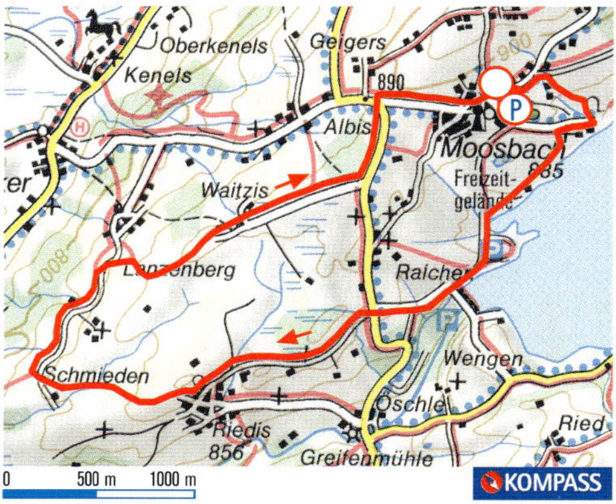

Der Felsen beherbergt eine natürliche, von Efeu umrankte Grotte, die

Über Petersthal am Rottachsee ragt das Burgkranzegger Horn auf.

ein winziger Garten schmückt. Am **Rottachsee** rechts in den Seerundweg einschwenkend, setzt eine gemächliche Schlenderei an. Hinter dem Badestrand erläutert die Tafel des Wasserwirtschaftsamtes neben einer Übersichtskarte Zweck und Funktionen des Rottachsees.

Vom Ende des Stausees müssen wir ein Stück mit der leicht ansteigenden Straße Richtung Sulzberg vorlieb nehmen, bis wir an einer Kreuzung auf das stille, flache Sträßchen - vor uns der Grünten - zum Weiler **Riedis** abbiegen können. Nach der Kirche wandert man auf einem Wirtschaftsweg über der Waldfurche der Rottach zu den Bauernhöfen von **Schmieden**, dem Wendepunkt des Erholungsganges.

Auch auf dem folgenden Sträßchen, das wiederum an einer weiteren winzigen Nagelfluhgrotte vorbei leitet, wird uns kaum ein Auto begegnen. Kurz vor Lanzenberg weist das Schild »Waitzis« auf einen gemütlich bergwärts führenden Feldweg. Von der bald erreichten Kuppe bietet sich ein traumhafter Blick übers Illertal und zu den Immenstädter Bergen. Auf einsamer Höhenwanderung gelangen wir über ein paar Viehweiden zu den wenigen Anwesen von **Waitzis**. Verkehrsarme Straßen leiten uns von dort schließlich wieder zurück nach **Moosbach**.

Schwarzenberger Weiher

Auf Umwegen zu einem Naturidyll

Ausgangspunkt: Oy/Unterschwarzenberg, Bushaltestelle beim südlichen Dorfeingang, 910 m; Parkplatz am Wirtshaus.
Gehzeit: Kreuzbänkle 1¾ Std., Rückweg ¾ Std., gesamt 2½ Std.
Charakter: Kaum Steigungen. Teilweise bezeichnete Wirtschafts- und undeutliche Feldwege, kurze Abschnitte auf Pfaden und verkehrsarmen Straßen. Orientierungssinn ratsam.

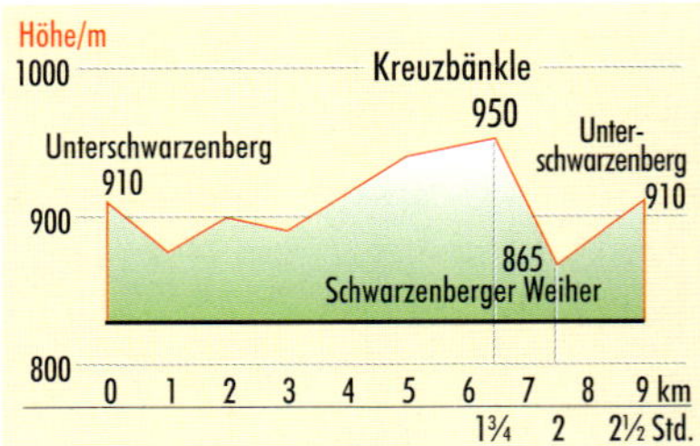

Karte: KOMPASS Nr. 188.

Nach der Devise »Wer sucht, der findet« starten wir an der Bushaltestelle in **Unterschwarzenberg** zur individuellen Umrundung der Schwarzenberger Höhe. Beim Wirtshaus lenkt uns die Beschilderung »Alpe Wildberger Hof, Bachtel« durch die Kreisstraßen-Unterführung. Der anschließend links abzweigende Wirtschaftsweg wechselt bald in einen undeutlichen Feldweg. Wir überschreiten den Obbach und passieren in einer Schleife einen Moorflecken. An der nächsten Gabelung wandern wir geradeaus und genießen an Gebüschreihen sanft bergan die Schau in die Tannheimer und östlichen Oberallgäuer Berge.

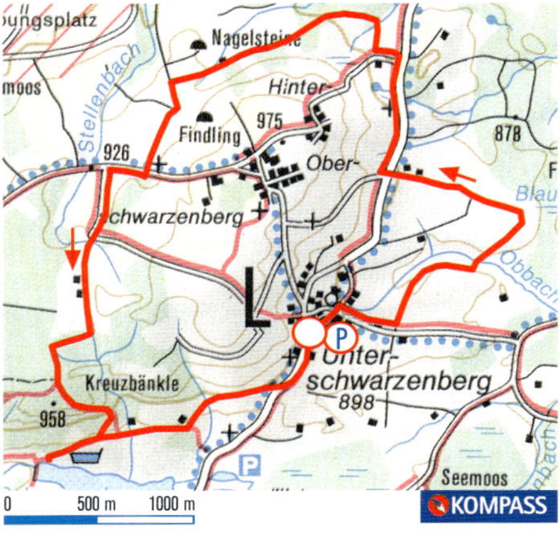

Nun geben wir uns nordwärts ein kleines Stück mit der Kreisstraße zufrieden, biegen links auf einen Wirtschaftsweg ab und entscheiden uns an einer Verzweigung für die Route nach Oberzollhaus. Nach einem Wechsel von Waldflecken und Lichtungen schaltet sich auf undeutlichem Feldweg eine Wiesenquerung ein. An der Gabelung

Schwarzenberger Weiher bei Oy.

beim Teerbeginn bestätigt der Wegweiser »Oberzollhaus« die Richtigkeit des Kurses.
Wenig später lenkt man den Schritt auf das Sträßchen von Oberschwarzenberg, das man kurz darauf bei dem hinter einer Hecke versteckten Findling auf zwischendurch asphaltiertem Wirtschaftsweg Richtung Kreuzbänkle wieder verlässt. In leichtem Auf und Ab spaziert man über Viehweiden. Wieder im Wald, gestaltet sich die Fahrbahn zusehends feuchter. Der gewohnte Wegweiser dirigiert uns nun auf einen Pfad, der zum **Kreuzbänkle** leitet. Von dem ungestörten Plätzchen überrascht ein einprägsamer Tiefblick auf den Schwarzenberger Weiher.
Das Täfelchen »U.Schwarzenberg« weist uns anschließend auf einen talwärts führenden Zickzackpfad. Am Bergfuß genehmigen wir uns noch – entlang an Feuchtwiesen – einen kurzen Abstecher zum **Schwarzenberger Weiher**, wo sich bei Badetemperaturen eine kleine Erfrischung geradezu aufdrängt. Die Zugspitze bestimmt den Hintergrund dieses prachtvollen Landschaftsbildes. Dann begeben wir uns auf den Rückweg, kreuzen auf einem Fahrweg zwei Bäche und treffen schon recht bald wieder in **Unterschwarzenberg** ein.

Faistenoyer Bach und Mittelberger Rücken

Informativer Dorf-Spaziergang

Ausgangspunkt: Oy, Bahnhof (Parkplatz), 909 m.
Gehzeit: Mittelberg 1¼ Std., Rückweg 1 Std., gesamt 2¼ Std.
Charakter: Leichte Anstiege. Gut beschilderte Wirtschaftswege und Pfade (kurze Pfadspuren), ruhige Sträßchen.
Einkehr: In Mittelberg.
Karte: KOMPASS Nr. 188.

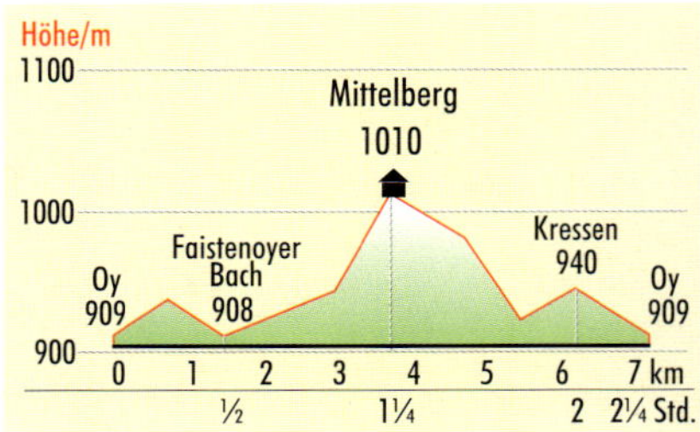

Beginnen wir die kleine Erlebnisrunde am Bahnhof in **Oy**. Vom Parkplatz steigt ein Fußgängerweg an der Kneippanlage vorbei zur Dorfmitte. Wir nehmen links die Gehsteige der Hauptstraße und Wertacher Straße, bis am Verkehrsamt das Täfelchen »Faistenoy« auf einen talwärts leitenden Wirtschaftsweg lenkt. Das Zeichen des Schwäbisch-Allgäuer-Wanderwegs dirigiert uns über ein wegloses Wiesenstück. Danach gehen wir auf einem Pfad bergab zum Faistenoyer Bach, queren die zum gleichnamigen Ort führende Straße und folgen auf dem vergnüglichen Mühlbachweg, dreimal das Ufer wechselnd, dem bewaldeten Wasserlauf.

Nach dem Kreuzen der Straße von Faistenoy bleiben wir Richtung Horn dem Bachpfad treu. An der Gabelung – nach einem weiteren Steg – richten wir uns nach dem Schild »Mittelberg – Oy« und bummeln an einem murmelnden Seitenbächlein bergauf.

An einer Verzweigung hält man sich an die Faistenoyer Route und trifft in Kürze im hoch gele-

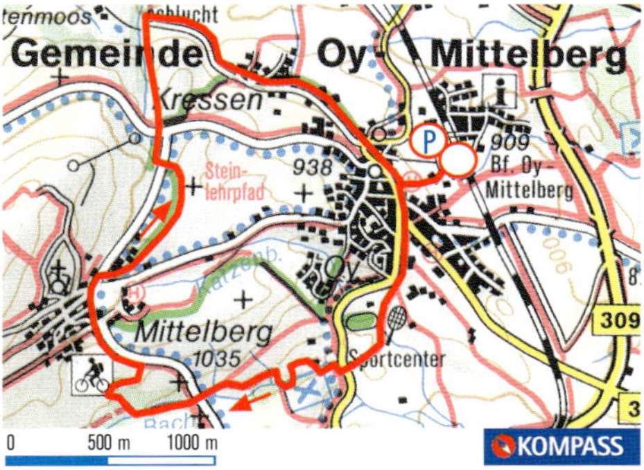

Das einladende Dörfchen Mittelberg.

genen Filialort **Mittelberg** mit seinen bewahrten alten Höfen ein. Der Steinlehrpfad, ein Feldweg und später eine kurz fallende Wiesenspur, bringt uns mit Blick in die Ammergauer Alpen – daneben imponiert die Zugspitze – zum Pestfriedhof. Zuvor erläutert eine Tafel auf dem Moränenwall am Rand des einstigen Lechgletschers Wissenswertes über die Gestaltung des Alpenvorlandes während der letzten Eiszeit. Es bedarf einiger Phantasie, sich vorzustellen, dass der Illergletscher gut 200 m den Standort der Mittelberger Kirche überragt hatte. Nach dem Pestfriedhof mit Denkmal an den Schwarzen Tod entlang der Steinmeile ein Stück auf der Straße und dann zwischen Gehölzstreifen auf einem Wirtschaftsweg an einem Bachgraben bergab Richtung Rottachtal. Von der nächsten Kreuzung bald auf einem Sträßchen hinauf zum Weiler **Kressen** mit betagtem Einfirst-Haus und zurück nach **Oy**.

Oyer Steinlehrpfad

Wer dem naturkundlich-geschichtlichen Lehrpfad in seiner gesamten Länge nachspüren möchte, der kann sich anhand der Übersichtskarte beim Mittelberger Pestfriedhof ein Bild über den Routenverlauf machen. Die 8 km lange so genannte Steinmeile zwischen Oy und Mittelberg informiert anschaulich auf insgesamt sieben Tafeln über das erdgeschichtliche Werden des Mittelberger Rückens sowie über Geschichte und Kultur der Gemeinde. Die vortreffliche Gestaltung hat kein Geringerer als der Kempter Geologe Dr. Herbert Scholz vorgenommen.

Eisenbolz – Speckbach-Wasserfall

Berg- und Talkurs für passionierte Pfadfinder

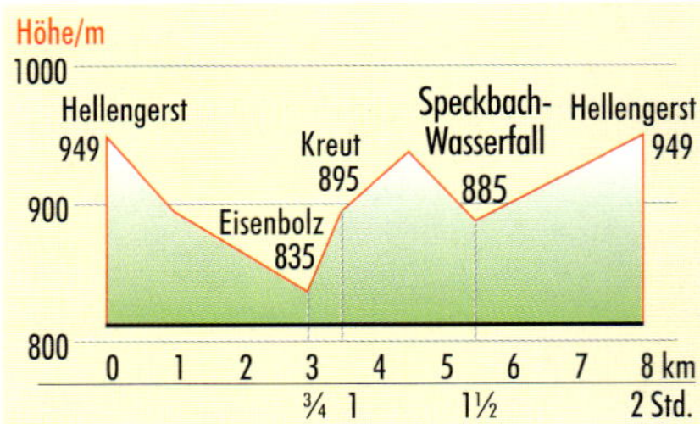

Ausgangspunkt: Weitnau/Hellengerst, Gasthof Goldenes Kreuz (Parkplatz), 949 m.
Gehzeit: Speckbach-Wasserfall 1½ Std., Rückweg ½ Std., gesamt 2 Std.
Charakter: Einfache Steigungen. Dürftig bezeichnete Wirtschaftswege und meist verkehrsfreie Sträßchen, kurze Fahr- und Pfadspuren, mehrere weglose Abschnitte, zuletzt Radweg. Orientierungssinn erforderlich.
Karte: KOMPASS Nr. 187.

Wegen der wiederholt neckisch weglosen Einlagen ist diese kurzweilige Unternehmung über dem Weitnauer Tal als mittelschwer einzustufen. Es handelt sich dabei wohlgemerkt nicht um eine willkürliche Schikane, sondern um spannende offizielle Wanderrouten, die selten begangen werden. Das Täfelchen »Fuchslochweg« weist beim Gasthof Goldenes Kreuz in **Hellengerst** an der Kirche bergab zum letzten Haus. Die Bezeichnung Weg ist für die erste Etappe allerdings leicht übertrieben. Zwei Schilder erleichtern zumindest die Orientierung über eine größere spurlose Wiese. Auf einem kurzzeitig von einem Zufahrtssträßchen unterbrochenen Feldweg leitet der Talkurs an einem Engelwarzer Einödhof vorbei. In der Talsohle begleitet uns der Fuchsbach, im weiteren Verlauf auf einem verkehrsfreien Sträßchen, nach **Eisenbolz**.

Am Ortsanfang halten wir uns an den Wegweiser »Wasserfall« und wandern auf einem geteerten

Bei Eisenbolz.

Wirtschaftsweg in einer Kehre bergwärts, zur Linken der bewaldete Hauchenberg. An einem Stadel dirigiert uns derselbe Richtungszeiger auf eine Fahrspur. Nach kaum nennenswerter, wegloser Weidequerung gehen wir noch vor dem Einödhof Kreut an einer mit der vereinzelt auftauchenden Markierung »9« bezeichneten Fichtenreihe hinauf zu einer Anhöhe.

Eine Pfadspur durchzieht anschließend einen kleinen dunklen Waldfleck, dann müssen wir uns Richtung Hellengerst am Waldrand entlang abermals mit einem weglosen Abschnitt begnügen. Wieder auf freier Weide behält man die Richtung bei und stößt auf einen Wirtschaftsweg. Diesem folgt man talwärts und schlendert zuletzt wieder ohne Weg am Waldsaum zum **Speckbach-Wasserfall**, der sich in diesem verschwiegenen Winkel über eine Felsstufe ergießt. Nach einem Bachsteg spazieren wir rechts auf dem vom Weitnauer Tal sanft ansteigenden Radweg, der die Trasse des Isny-Bähnles benützt, unter dem Gestüt Osterhof vorbei zum ehemaligen Bahnhof **Hellengerst** und zurück zum Ausgangspunkt.

Wilhams – Lüßeck, 965 m

Zwischen Sonneneck und Hauchenberg

Ausgangspunkt: Weitnau, Bushaltestelle an der Post (Parkplatz), 790 m.
Gehzeit: Wilhams 1¾ Std., Lüßeck ¾ Std., Rückweg ¾ Std., gesamt 3¼ Std.
Charakter: Mäßige Anstiege. Mitunter spärlich bezeichnete Pfade, Wirtschafts- und Forstwege, mehrere weglose Abschnitte. Orientierungssinn erforderlich.

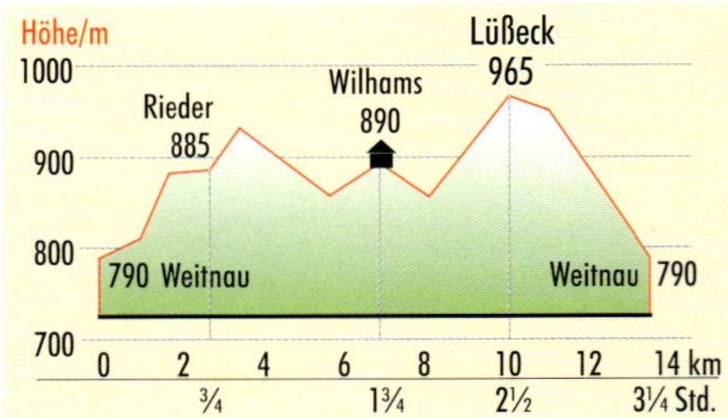

Einkehr: In Wilhams.
Karte: KOMPASS Nr. 187.

Als Startpunkt für den individuellen Orientierungskurs wählen wir die Post in **Weitnau**. Der Gehsteig der Hoheneggstraße bringt uns zum Ortsende. Dort zeigt der Wanderwegweiser »Rieder« auf einen Feldweg. Nach kurzer Wiesenspur bei einem Einzelanwesen nimmt uns ein ansteigender Waldweg auf. An einem Viehstall vorbei sind mehrere weglose, flache Viehweiden zu queren, wobei man auf die Durchgänge zu achten hat. Schöne Ausblicke ergeben sich über das Weitnauer Tal zum langen Sonneneck-Höhenzug.
Nach der Kreuzung

eines Waldwegs stoßen wir auf einen Pfad. Über einen Bachsteg gelangt man mit zwei letzten Weidequerungen zum Weiler **Rieder**. Das Sträßchen Richtung Weitnau velassen wir gleich wieder auf einem Feldweg an einem Bächlein. Der Wegweiser »Hauchenberg« zwingt erneut zum Queren wegloser, aber bestens beschilderter Viehweiden. Danach folgen wir einem Pfad, später einem Waldweg und an der Wegspinne bei einem Teich dem Naturlehrpfad Richtung Wilhams, ein Trettenbach-Quellwasser als Begleiter. Die lobenswerten Schautafeln vermitteln einiges über Wald, Alpwirtschaft und Bergbäche. Die mit »Hirnbeinweg« ausgewiesene Route benützt später einen Wirtschaftsweg, der durch das Wiesental des Trettenbachs leitet. Noch ein Aufschwung, dann ist am Ostfuß des Hauchenbergs das Dörfchen **Wilhams** erreicht.

Nach gemütlicher Einkehr wandern wir zurück durch das Wiesental und nehmen am Ende der Lichtung die leicht bergwärts leitende Abzweigung des Wurzelpfades Richtung Hauchenberg – Weitnau. Dieser wechselt später in einen Waldweg. An einem Wegdreieck begibt man sich auf den Höhenweg, der sich bald wieder als Pfad entpuppt. Nach einer Forstwegquerung folgt der Kurs der Anhöhe **Lüßeck**, zwischendurch erneut als Waldweg. Bei einem Weidedurchgang mit hübscher Ausschau über das Tal der Unteren Argen zu Stuiben, Rindalphorn und Hochgrat weist das Höhenweg-Täfelchen bergab durch einen etwas beengenden Jungwald. Auf einem Forstweg geht's zurück nach **Weitnau**.

Verträumter Weiher im Weitnauer Weiler Rieder.

Ochsenberg, 1126 m

Einsamer Waldschopf über der Unteren Argen

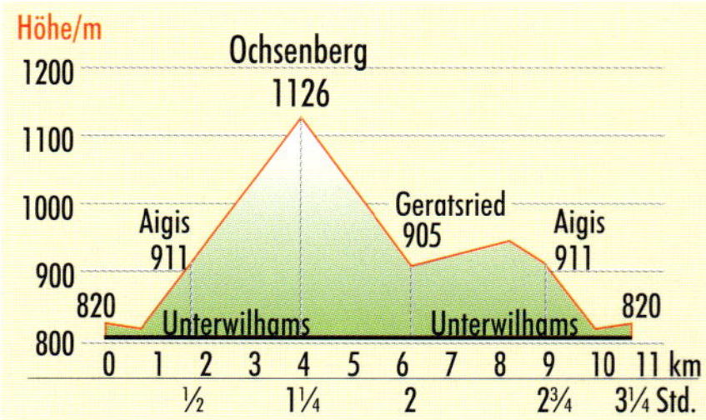

Ausgangspunkt: Missen/Unterwilhams, Bushaltestelle am Restaurant Sennstube (Parkplatz), 820 m; zu erreichen auf der Straße Sibratshofen – Missen. **Gehzeit:** Ochsenberg 1¼ Std., Geratsried ¾ Std., Rückweg 1¼ Std., gesamt 3¼ Std. **Charakter:** Längere mäßige Steigungen. Teilweise schwach bezeichnete und undeutliche Pfade sowie Zieh- und Forstwege, anfangs kleines Stück auf Staatsstraße. Orientierungssinn vorteilhaft. **Karte:** KOMPASS Nr. 187.

Wir finden uns zu dieser kaum bekannten Minigipfel-Überschreitung am Restaurant Sennstube in **Unterwilhams** ein. Kurz folgt man der Straße taleinwärts und achtet beim Ortsteil Stoffelsmühle auf das Schild »Fussweg nach Aigis«.

Ein Anliegersträßchen schwingt sich nach der Brücke über die Untere Argen in wenigen Kurven hinauf zu einem Einzelgehöft. Auf einem Feldweg überwindet man einen Wiesenhang nach **Aigis**. An der Kapelle vorbei spazieren wir durch den hoch gelegenen Ort

und zweigen auf die Straße »Im Gern« ab. Nach dem letzten Haus leitet eine Wiesenspur am Zaun entlang, bergan auf den bewaldeten Ochsenberg zu. Das gleichnamige Täfelchen zeigt uns auf einem Ziehweg über Jungviehweiden die weitere Richtung an. Bald wechselt die

Die junge Untere Argen im Missener Ortsteil Stoffelsmühle.

Route in einen angenehmen Waldpfad, der kurzzeitig oberhalb respekteinflößender Abstürze verläuft. Wenige Meter vor dem Wegweiser bei der Einmündung in einen Forstweg folgen wir dem anfangs kaum markierten und nur schwach wahrnehmbaren Kammweg neben dem steigenden Forstweg zum **Ochsenberg**. Wegen der Fichten ist die Aussicht von der Ruhebank auf dem höchsten Punkt leider begrenzt. Auf weiterhin wenig ausgeprägtem, zunehmend verwachsenerem Pfad, der ein bisschen Pioniergeist fordert, bleiben wir mit kurzem Blick zu den Rindalpen dem Kamm treu. Wer einen komfortableren Kurs vorzieht, wählt hier die Fahrspur talwärts und schwenkt rechts in einen Forstweg ein.

Beide Routen treffen bei einem Nagelfluhblock wieder zusammen. Der Kammweg ist nun am Waldrand besser begehbar. Auf einem Ziehweg treffen wir in **Geratsried** ein. Dort wählen wir den Feldweg Richtung Aigis. Über reich zertalter Landschaft geht's mit kleinen Steigungen durch lockeren Bergwald. An der Gabelung hinter einem Brunnen geradeaus haltend, verschmälert sich der Kurs zum Wanderweg. Nach einem Tobelsteg schlendern wir gemütlich auf einem Forstweg nach **Aigis** und auf der bereits bekannten Route nach **Unterwilhams**.

Jugethöhe, 1024 m

Begeisternde Stixner-Tal-Rundtour

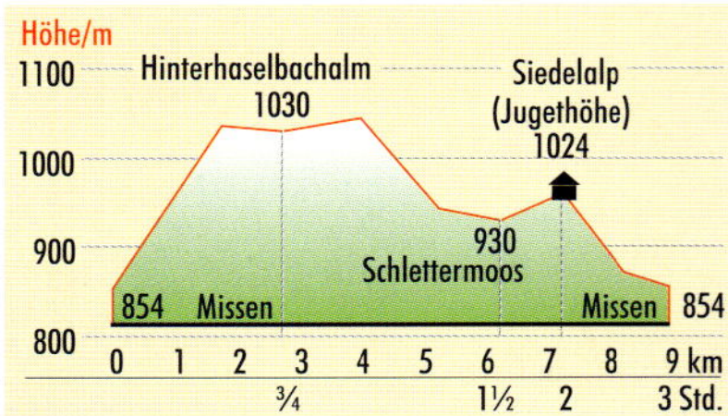

Ausgangspunkt: Missen, Bushaltestelle in der Ortsmitte (Parkplatz in der Nähe), 854 m.
Gehzeit: Schlettermoos 1½ Std., Jugethöhe ½ Std., Rückweg 1 Std., gesamt 3 Std.
Charakter: Meist gut beschilderte Feld- und Forstwege, kurze Wanderwege und Pfade (kleine Abschnitte auf Pfadspuren), zuletzt Mautsträßchen.
Einkehr: Siedelalp.
Karte: KOMPASS Nr. 187.

Der erste Höhepunkt dieser prächtigen Aussichtstour ist der außerordentlich schöne Tiefblick auf **Missen**, der den Wanderer auf dem anfangs geteerten Wirtschaftsweg vom Parkplatz bei der Ortsmitte Richtung Kühberg erwartet. Vor einem Einödhof weist uns das Routentäfelchen auf einen zwischendurch undeutlichen Feldweg. Ein kleiner Abschnitt über eine Viehweide erweist sich sogar als weglos. Der genussreiche Kurs folgt stets dem etwa parallel zum Hauchenberg verlaufenden Kühbergrücken. Im Süden grüßen die Nagelfluhberge. Bei der **Hinterhaselbachalp** (auch Kaplanalp genannt) weitet sich das Panorama über den klotzigen Daumen zu den Hintersteiner Bergen.
Wir bummeln nun auf flachem Forstweg Richtung Knottenried. Später bleibt man dem vorbildlich ausgeschilderten und bald fallenden Forstwegkurs zum **Schlet-**

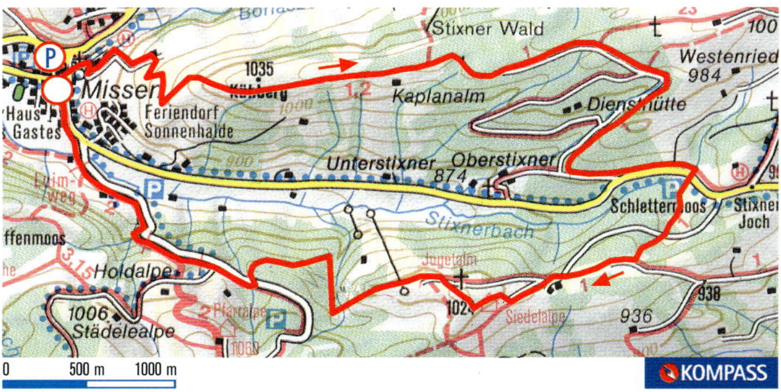

Vom winzigen Aussichtsbuckel bei der Siedelalp bietet sich ein schwärmerischer Rundblick.

termoos treu, das man nach einem kurzen Wanderweg und der Querung der Staatsstraße von Missen erreicht. Das Schild »Siedelalpe« weist erneut auf einen Wanderweg, der an einer Wollgraswiese entlang führt. Im Wald queren wir einen Forstweg. Dort lenkt das Täfelchen »Waldweg zur Siedelalpe« auf einen leicht steigenden Wurzelpfad, der Richtung Siedel in einen Waldweg mündet. Nach einem kleinen Pfadabschnitt geht's auf einem Alpweg vollends bergauf zur **Siedelalp** mit behaglicher Einkehr.

Rasch steigen wir auf der mit »Jugetalpe« ausgewiesenen Pfadspur hinauf zum warzenartigen Aussichtsbuckel mit Kreuz. Damit das Kind einen Namen hat, wollen wir es **Jugethöhe** taufen. Ein höchst malerisches Bild gibt die Immenstädter Talsenke mit dem Kleinen Alpsee ab. Auf der Rückseite unseres liebenswerten Voralpen-Gipfelchens steigen wir jetzt hinunter zur Jugetalp. Hinter der einfachen Hütte leitet ein Pfad an der Bergstation des Stixner Skilifts vorbei und talwärts über einen bewaldeten Höhenzug. Nach einem Bachsteg wählt man den mit »Pfarr-Alpe« beschilderten Waldweg, der mit einem leichten Gegenanstieg aufwartet.

Anschließend bringt uns ein Mautsträßchen in ein paar Schleifen zu einer Kneippanlage und nach **Missen**.

27

Kapf, 998 m

Schauwarte über dem Weißachtal

Ausgangspunkt: Oberstaufen, Bahnhof (Parkplatz), 795 m.
Gehzeit: Kapf 1½ Std., Abstieg ¾ Std., gesamt 2¼ Std.
Charakter: Kurzzeitig steilere Aufstiege. Meist beschilderte Forst-, Feld- und Spazierwege, Pfade und verkehrsfreie Sträßchen.
Einkehr: Café Paradies.
Karte: KOMPASS Nr. 2.

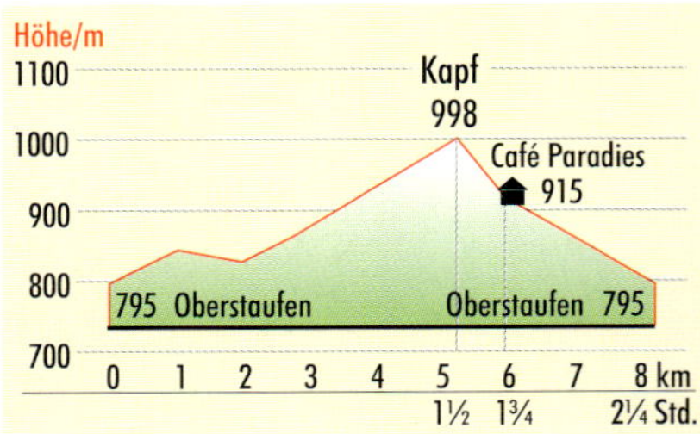

Obwohl der Oberstaufer Kapf nicht mal eine vierstellige Gipfelhöhe vorzuweisen vermag, darf er sich dennoch als vortreffliche Schauwarte rühmen. Am einprägsamsten erweist sich allerdings nicht der schnelle »Diretissima-Aufstieg« nach dem Motto »wie gewonnen, so zerronnen«, sondern beispielsweise die hier vorgeschlagene Rundwegschleife über den Quellwassern der Oberen Argen mit Abstieg zum Café Paradies.

Wir spazieren vom Bahnhof in **Oberstaufen** auf dem Gehsteig zur Kirche, wo der Wegweiser zur Sparkasse lenkt. Ein Stück dem Gehweg der Schlossstraße folgend, beachten wir die Tafel »Kühler Grund«. Der vorbildlich angelegte, mit »Willis Eibele« beschilderte Wanderweg führt uns durch einen erfrischenden Bachtobel. Ab einem Aussichtspunkt geht's auf einem schmalen, verkehrsfreien Sträßchen erholsam an Weidehängen entlang Richtung Kapf.

Nach einem kleinen Höhenverlust mühen wir uns vor einer Doppelkurve mit prächtigem Hochgratblick links den anfangs kräftig steigenden Forstweg bergauf. An der Gabelung über einem weiteren Mischwaldtobel nehmen wir den nach Sinswang ausgeschilderten Feldweg und

finden ab dem folgenden Einzelanwesen über dem Talbecken der Oberen Argen eine wieder geteerte Fahrbahn vor.
Bei einem Bauernhof verlässt man die Sinswanger Route und begibt sich auf ein aussichtsreiches Alpsträßchen, das bald von einem Waldweg abgelöst wird. Zuletzt leitet ein teilweise wurzeliger Pfad ohne große Anstrengung auf die bewaldete Bergkuppe namens **Kapf**. Von hier oben haben wir direkt die Kette der auffallend horizontal strukturierten Rindalpen vor der Nase. Unter uns öffnet sich die tiefe Kerbe des Weißachtals und in der Ferne setzen sich die Bregenzerwaldberge und der stolze Säntisstock in Szene. Das richtige Plätzchen zum Träumen und Schwärmen.
Ebenfalls auf einem Pfad genießen wir nun am Waldrand die Talbummelei Richtung Laufenegg. Beim Café Paradies im Ortsteil Berg beginnt ein Spazierweg, der uns zurück nach **Oberstaufen** führt. Dort nehmen wir zum Schluss das Sträßchen an der Schlossbergklinik bergab und den uns schon bekannten Weg zum Bahnhof.

Während des bequemen Abstiegs vom Kapf zum Café Paradies hat man über dem Weißachtal stets den wuchtigen Säntis vor der Nase.

Hündlekopf, 1112 m

Wirtshauswanderung mit charmantem Bergziel

Ausgangspunkt: Oberstaufen/Weißach, Bushaltestelle bei der Weißachmühle (Parkplatz), 675 m.
Gehzeit: Hündlekopf 1½ Std., Abstieg 2 Std., gesamt 3½ Std.
Charakter: Mäßig steile Aufstiege. Ausreichend beschilderte Zieh- und Alpwege, Pfade und ruhige Sträßchen.
Einkehr: In Buchenegg, Gaststätte Hündlealp, Wirtshaus Hündle-Stuben und in Bad Rain.
Karte: KOMPASS Nr. 2.

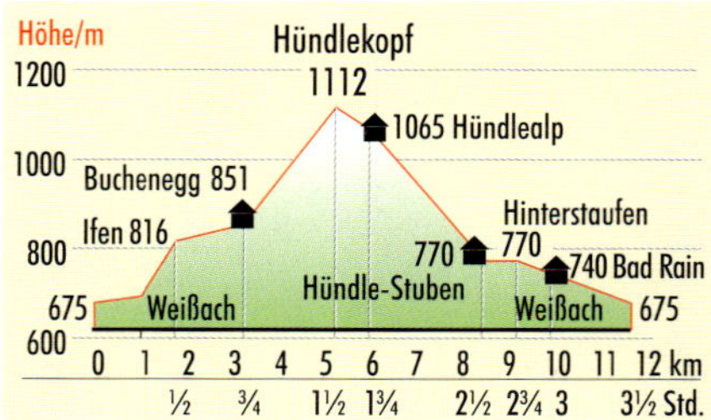

Eine angenehme Besonderheit auf dieser harmlosen Bergtour sind neben der ständigen Aussicht die wiederholt auftauchenden, gemütlichen Wirtshäuser. So kann man den Rucksackproviant diesmal getrost zu Hause lassen und dafür beschwingten Fußes das zwischen Konstanzer Tal und Weißachtal dem Prodelkamm vorgelagerte, liebenswerte Gipfelchen ansteuern.

An der Weißachmühle in **Weißach** nehmen wir den Sennereiweg und achten an einer Gabelung auf den Wanderwegweiser »Ifen«. Der am Ortsende ansetzende Ziehwegaufstieg bietet ei-

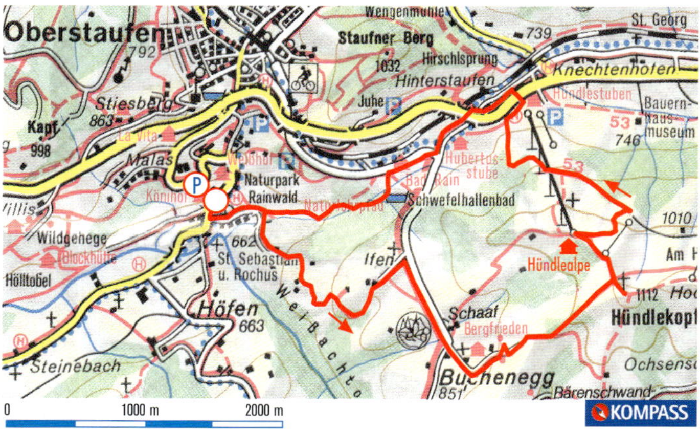

nen herrlichen Ausblick nach Oberstaufen. Im oberen Bereich geht's auf einem Pfad am Waldrand hinauf und im abgelegenen Weiler **Ifen** auf verkehrsfreiem Sträßchen ein Stück am tief eingeschnittenen Weißachtobel entlang. An der Straßenteilung bei einer Weißtanne spazieren wir auf den Hochgrat zu und in der alten Bauernsiedlung **Buchenegg** Richtung Hündlealpe.

Ein geteerter Alpweg passiert eine Schranke und windet sich bergan über Weidehänge, wobei sich eine hübsche Schau ins Weißachtal ergibt. Vor dem Wegende nahe der Hündlealp präsentiert sich über Steibis der wuchtige Säntis. In Kürze erreichen wir auf einem Pfad den **Hündlekopf**. Der Alpsee und das Westallgäu breiten sich vor uns aus. Im Süden erstreckt sich der Nagelfluhkamm. Herrlich ist es hier oben zu sitzen und das Auge über Täler und Höhen streichen zu lassen.

Wir streben anschließend der Hündlealp zu und gehen auf einem Ziehweg hinüber zur **Gaststätte Hündlealp** mit der Bergstation des Sessellifts. Das Schild »Talstation« lenkt uns auf einen Pfad, der gemächlich über Viehweiden bergab führt. Bei einem Schlepplift mündet der Kurs in einen Alpweg. Auf diesem gelangt man in Kehren zum **Wirtshaus Hündle-Stuben** im Konstanzer Tal. Nach der Bundesstraßen-Unterführung folgt man dem stillen, flachen Sträßchen, vorbei an den Häusern von **Hinterstaufen** zum Ortsteil **Bad Rain**. Dort zweigt man auf den Waldweg ab, der an einem Bächlein talwärts nach **Weißach** führt.

Im Oberstaufer Weiler Ifen

Seelekopf, 1663 m, und Hohenfluhalpkopf, 1636 m

Nagelfluh-Duo im Schatten des Hochgrats

Ausgangspunkt: Steibis/Hochgratbahn (Gemeinde Oberstaufen, Bushaltestelle (Parkplatz), 856 m.
Gehzeit: Seelekopf ½ Std., Hohenfluhalpkopf ½ Std., Abstieg 1½ Std., gesamt 2½ Std.
Charakter: Meistens bezeichnete Steige und Ziehwege, zuletzt Alpweg. Eine Leiter am Übergang zum Seelekopf und eine abschüssige Abstiegspassage vom Hohenfluhalpkopf erfordern Trittsicherheit, Vorsicht bei Nässe!

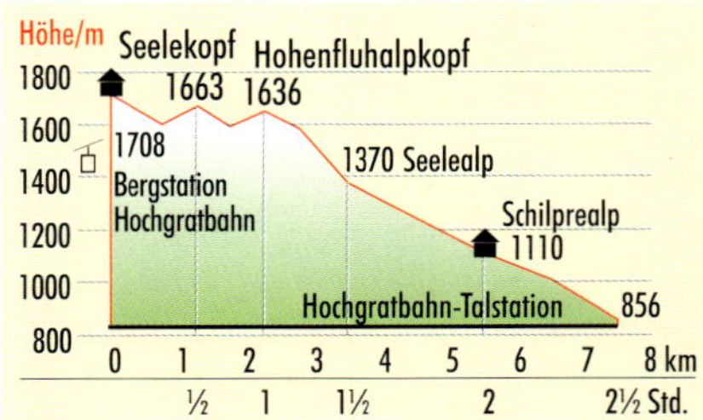

Einkehr: Bergstation der Hochgratbahn, Schilprealp, Untere Lauchalp.
Karte: KOMPASS Nr. 3.

Die erhebende Gratwanderung in der westlichen Nagelfluhkette erfreut uns erst mal mit Vorschusslorbeeren: dem schwerelosen Gondel-Service der **Hochgratbahn**. Auf einem Ziehweg gehen wir von der Bergstation mit Restaurant kurz bergab aufs Staufner Haus zu. Im weiteren Verlauf erwartet uns Richtung Falken genussreiches Höhenbummeln. Ein Steig bleibt dem geräumigen Graskamm treu, auf dem später vereinzelt Fichten stocken. Nördlich das sanft gewellte Alpenvorland, im Süden aber der vielgipflige Bregenzerwald. Eine kleine Leiter erleichtert das Absteigen über

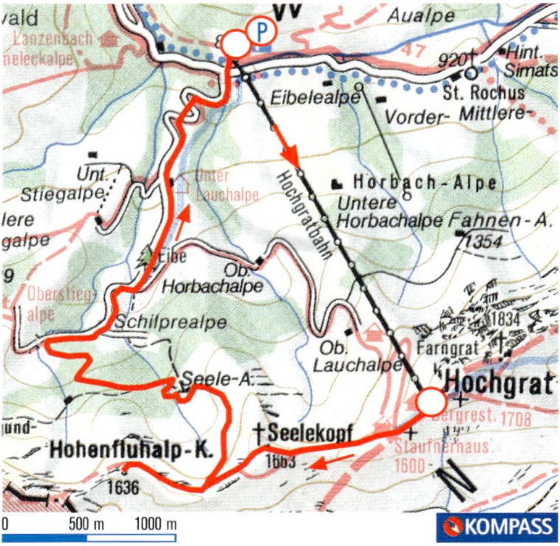

Aufstieg zum Seelekopf.

eine Felsstufe. Von der Verzweigung nach einer Scharte schwingt sich ein steiles Gratstück mit leichten felsigen Passagen empor zum stillen **Seelekopf**.
Über den Südwestrücken schlendern wir hinunter zu einer weiteren Scharte. Da es für den Talabstieg noch ein wenig zu früh ist, wollen wir dem angenehm steigenden, locker bewaldeten Kamm noch eine Weile folgen, bis die Route bei einem skurrilen, ausgeblichenen Baumstumpf wieder zu fallen beginnt. Unterwegs zeigen sich immer wieder markante Nagelfluhabbrüche. Der kreuzlose Hochpunkt heißt **Hohenfluhalpkopf**. Als nächster Gipfel im Westen grüßt uns der Eineguntkopf. Die Aussicht ist durch Bäume eingeschränkt, aber der Tiefblick auf Oberstaufen kann sich sehen lassen.
Zurück an der letzten Scharte bei einem Zaunüberstieg wählen wir die unbeschilderte Abzweigung eines markierten Steiges. Unter einem Felswulst wagt man sich vorsichtig über eine abschüssige Passage und eine wurzelige Steilstufe hinunter. Auf dem stillen Weg durch einen Alpkessel mit Blick zu den Seelekopf-Abstürzen erreicht man die **Seelealp**. Nun geht's auf Ziehwegkehren durch einen romantischen Mischwald und an einem Mini-Wasserfall vorbei zur **Schilprealp**. Ein geteerter Alpweg bringt uns über die Untere Lauchalp zurück zur **Hochgratbahn**.

Erlebnis Fernwanderweg E 4

Über acht Gipfel quer durch die Voralpen

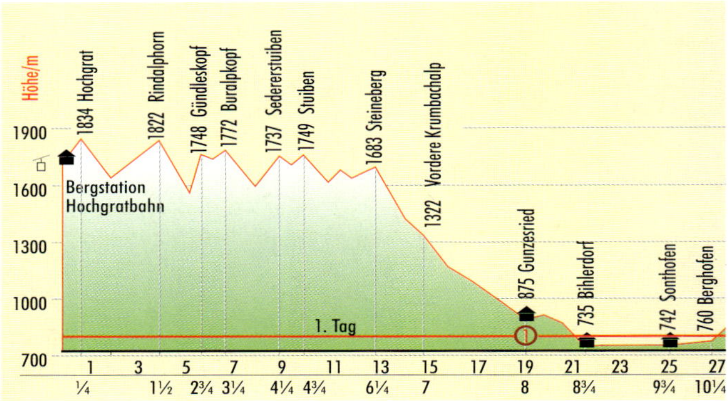

Ausgangspunkt: Steibis/Hochgratbahn (Gemeinde Oberstaufen), Bushaltestelle (Parkplatz), 856 m.

Gehzeit: 1. Tag 8 Std., 2. Tag 7 Std., 3. Tag 2¾ Std., gesamt 17¾ Std.

Charakter: Viele, mitunter steile Auf- und Abstiege. Lückenhaft bezeichnete Pfade und Steige, Alp- und Wirtschaftswege, kurze stille Sträßchen. Diese 3-Tage-Wanderung ist etwas für konditionsstarke Bergwanderer. Einige ausgesetzte, drahtseilgesicherte Wegabschnitte erfordern Trittsicherheit, Vorsicht ist bei Nässe geboten! Grenzübertritt.

Einkehr: Hochgratbahn-Bergstation, in Gunzesried (Übernachtung), Bihlerdorf und Sonthofen, Hirschalp, in Obergschwend und Unterjoch (Übernachtung), Wirtshaus Rehbach, Gasthaus Vilstalsäge und in Pfronten.

Karte: KOMPASS Nr. 3, 4.

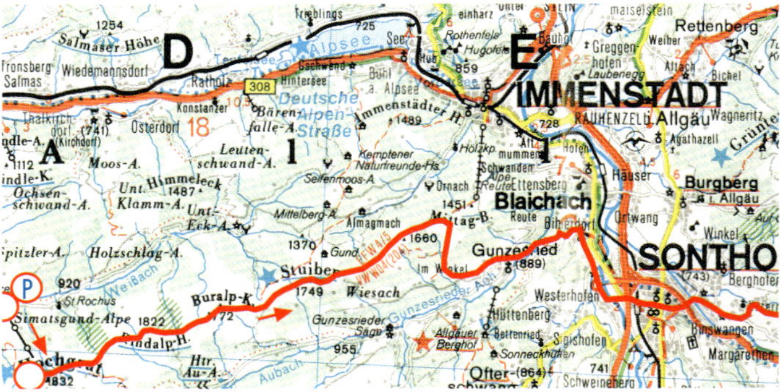

Der von den Pyrenäen zum Peloponnes verlaufende Europäische Fernwanderweg E 4 ist ab der **Hochgratbahn-Bergstation** bis Sonthofen identisch mit dem E 5. Auf breit ausgetretener Wandertrasse steigt man gleich mal dem **Hochgrat** aufs Dach. Vom Regent der Nagelfluhkette folgt der gemütliche Steig mit der schönsten Fernsicht über Molassehöcker dem blumenreichen Grat. Ab der Brunnenauscharte bummeln wir auf einem Graspfad etwas unterhalb des Bergrückens über Weidehänge zum Westgipfel des Rindalphorns. Nach unwesentlichem Abstieg in einen Sattel überwindet ein Steig leichte Felsstufen zum **Rindalphorn**.

Zurück am felsigen Gipfelansatz wandern wir auf dem Pfad Richtung Immenstadt durch eine Hochmulde und über einen licht bewaldeten Rücken zur Gündlesscharte. Nach einem deutlichen, begrünten Kammaufschwung ist der **Gündleskopf** erreicht, den

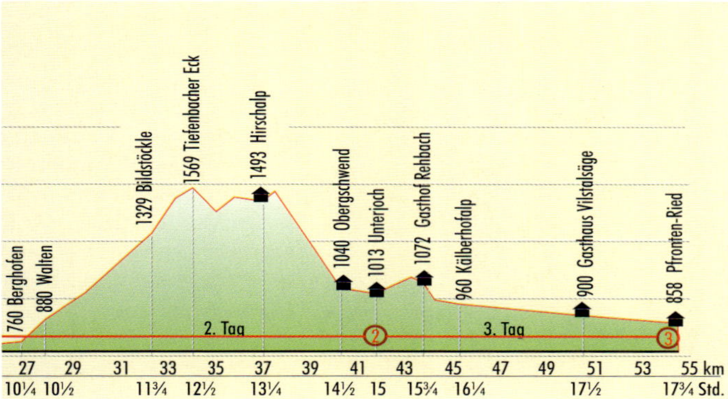

© Mairs Geographischer Verlag

Nagelfluh-Felspartien würzen den Abstieg vom Stuiben.

nur eine kleine Einsattelung vom **Buralpkopf** trennt. Von diesem setzt eine anregende, überwiegend flache Etappe an, über den Oberen Sedererwänden mit einem schmalen und steilen, felsdurchsetzten Gratsteig, zu einem Sattel. Weidehänge schwingen sich dann empor zum rundlichen **Sedererstuiben**. Wenig später gesellt sich der benachbarte **Stuiben** zu unserer stetig anwachsenden Gipfelsammlung.

Nach steilem Steig über einen ausgesetzten Felsgrat mit langem Drahtseil beachte man nördlich des Grates die Markierung. Die nächste schmale Gratrippe ist wieder mit einem Drahtseil entschärft. Eine Holztreppe bringt uns zu einem weiteren Sattel. Auf dem flachen und teilweise mit Fichten bestockten, wiederholt felsigen Kamm zum **Steineberg** schaltet sich noch eine Zwischenerhebung ein. Man steigt vom kreuzlosen, höchsten Punkt hinunter zum nordseitigen Gipfelwandfuß, dann führt ein Alpweg nach einer letzten gesicherten Etappe wieder meist in Gesellschaft des Weideviehs über die **Vordere Krumbachalp**, die Dürrehorn- und Winkelwiesenalp hinunter nach **Gunzesried**. Dort enden der erste Tag und vorläufig auch die E 4-Markierung.

Die ***zweite Tagesetappe*** beginnt mit einem Spaziergang auf der Zufahrtsstraße über die Gunzesrieder Ach und eine Kuppe nach Halden. Dort leitet ein Pfad über Wiesenhänge bergab und mit einer Straßenquerung nach **Bihlerdorf**. Von der Hofackerstraße geht's rechts in die Oberzollbrückestraße. In Oberzollbrücke queren wir den Ettensbach und wandern auf einem Wirtschaftsweg zwischen der Iller und dem Sonthofner See nach **Sonthofen**.

Die zügigste Stadtdurchquerung lautet: nach der Straßen- und Bahnunterführung in die Moltkestraße, beim Bahnhof rechts die Bahnhofstraße wählen, an einer Ampelkreuzung geradeaus in die Hirschstraße, am Gasthof zur Traube dem Altstadtring folgen, an der Berghoferkreuzung zum Stadtteil **Berghofen** und hinter der Ostrachbrücke Richtung Walten abzweigen. Nun nehmen wir den wieder mit »E 4« bezeichneten Wanderweg bergauf durch ein Waldstück mit der Ruine Fluhenstein. In **Walten** steigt ein Mautsträßchen über Wiesenhänge. Man passiert die Weiler Unterried und Breiten sowie die Wickkapelle. Vom **Bildstöckle** leitet ein Pfad über einen meist bewaldeten Höhenrücken zum unscheinbaren **Tiefenbacher Eck**. Auf der Kammhöhe über eine Moorwiese zum deutlich höheren Kreuzgipfel beeindrucken die Hintersteiner Berge.

Vom Absatz bei der wieder im Wald stehenden Karl-Hüller-Hütte erreicht man in Kürze durch eine Mulde den Sattel vor dem Spieser und flach über Viehweiden die **Hirschalp**. Weiter geht's über den Steinpasssattel und nach einer locker bewaldeten, teils feuchten Hochwanne über eine Skiabfahrt nach **Obergschwend**. Beim Haus Finkeler quert man die B 310, folgt einem Wirtschaftsweg über den Weißenbach und bummelt später auf einem Wanderweg am Wertachufer nach **Unterjoch**.

Am dritten Tag folgt der E 4 bei der Kirche dem Anliegersträßchen über Steineberg zur Tiroler Grenze und einem Pfad zum **Wirtshaus Rehbach**. Nach steilen Waldwegkehren tragen uns die Vilsstege über den hier zweiarmigen Fluss. Danach wandern wir auf einem Wirtschaftsweg, bei der **Kälberhofalp** Richtung Pfronten abermals das Ufer wechselnd, durch eine Talenge hinüber ins Ostallgäu. Die Vils begleitet das beschauliche Finale unter Buckelwiesen zum **Gasthaus Vilstalsäge** und, danach das Ufer wechselnd, zum Bahnhof in **Pfronten-Ried**.

Mit dem Steineberg liegt der siebte Gipfel hinter uns.

31

Klammen, 1470 m

Wenig begangene Tour über dem Konstanzer Tal

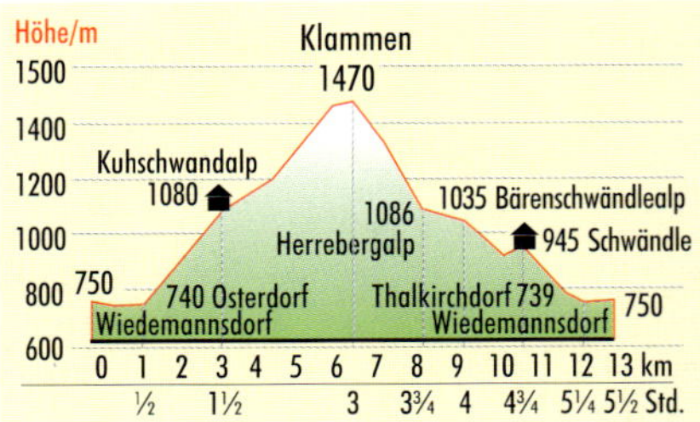

Ausgangspunkt: Oberstaufen/ Wiedemannsdorf, Bushaltestelle an der Abzweigung nach Thalkirchdorf, 750 m; Parkplatz unterhalb beim Freibad.
Gehzeit: Kuhschwandalp 1½ Std., Klammen 1½ Std., Abstieg 2½ Std., gesamt 5½ Std.
Charakter: Längere steile Aufstiege. Mitunter spärlich bezeichnete Pfade und Steige, Wander- und Ziehwege, zuletzt Alpsträßchen, kurz weglos. Trittsicherheit erforderlich.
Einkehr: In Thalkirchdorf, Kuhschwandalp und Brotzeitstüble Schwändle.
Karte: KOMPASS Nr. 3.

Man sollte den Klammen im Prodelkamm wegen seiner geringen Gipfelhöhe nicht unterschätzen. Der Nordaufstieg verlangt eine gewisse Kondition ab. Heute ist es kaum mehr vorstellbar, dass diese Hanglagen noch vor etwa 100 Jahren reines Weidegebiet waren und erst später aufgeforstet wurden. Wir begeben uns in **Wiedemannsdorf** von der Abzweigung nach Thalkirchdorf durch die B 308-Unterführung und auf einem Gehsteig zum Ortsanfang von **Thalkirchdorf**. Ein Wirtschaftsweg und später ein Fußweg begleiten die Konstanzer Ach nach **Osterdorf**. Dort queren wir die Straße und folgen dem mit »Kuhschwand« beschilderten Ziehweg in Kehren über steile Weidelichtungen. Ab einer kleinen, abseits stehenden Alphütte zieht der Weg durch

Die Untere Klammalp am Nordfuß des Klammen.

Wald kräftiger an und bei den unteren Kuhschwandalpen legt die nur noch als Fahrspur ausgeprägte Route zur Einkehr **Kuhschwandalp** nochmals an Steigung zu.

Das Schild »Schaffner Alpe« zeigt nun auf einen Pfad, der über Weidehänge zu einem Viehstall führt. Dort geht's Richtung Klammen erst flach durch Brombeergestrüpp, dann auf zunehmend steilerem Waldpfad in anhaltendem Zickzack auf die beweidete Kammhöhe. Über die verfallene Melkhütte zum unscheinbaren höchsten Punkt namens **Klammen** erwartet uns nur noch ein Höhenspaziergang. Jenseits der Weißachfurche zeigen sich, wie auf einer Perlenkette aufgereiht: die Rindalpen.

Der nun schmälere, licht bewaldete Höhenzug erfordert kurz Trittsicherheit. Nach einem kleinen Rücken setzen wir von einem Sattel den Abstieg Richtung Thalkirchdorf auf einem Mischwaldsteig fort. Zuletzt erreicht man über eine weglose Alpweide die **Herrebergalp**. Ein Fahrweg führt zur nahen Untere Klammalp und weiter zur **Bärenschwändlealp**. Dort achtet man auf das Täfelchen »Schwendle« und trifft kurz darauf bei der Rotholzalp ein. Jetzt leitet ein Wanderweg über eine Viehweide und im Schmidstobel über zwei Bachstege. Anschließend folgt ein Treppenaufstieg. Zum Schluss bummeln wir auf einem Alpsträßchen über die Schwandalp und das **Brotzeitstüble Schwändle** nach **Talkirchdorf** und zurück nach **Wiedemannsdorf**.

Lohwegkapelle – Gopprechts

Diepolzer Höhenrundkurs

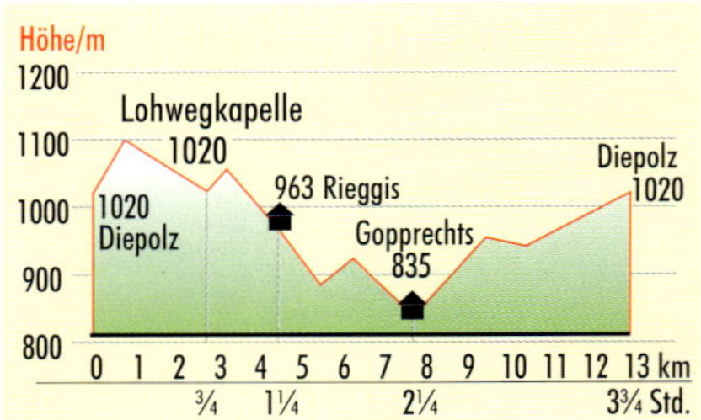

Ausgangspunkt: Immenstadt/Diepolz, Bushaltestelle in der Ortsmitte, 1020 m; Parkplatz bei der Kirche.
Gehzeit: Rieggis 1¼ Std., Gopprechts 1 Std., Rückweg 1½ Std., gesamt 3¾ Std.
Charakter: Kleine Steigungen. Sparsam bezeichnete Pfade und Pfadspuren, Wirtschafts- und Forstwege sowie teils feuchte Waldwege, kurze Sträßchen. Orientierungssinn nötig.
Einkehr: In Rieggis und Gopprechts.
Karte: KOMPASS Nr. 3.

Die Tafel »Hauchenberg« zeigt uns in der Ortsmitte von **Diepolz** den Beginn dieser kurzweiligen Runde. Bei der Kirche setzt das steile Wirtschaftssträßchen mit Alpenblick Richtung Freundpolz an. Am Teerende wechselt der Freundpolzer Kurs, der Kapfweg, in einen flachen Waldweg, wenig später in eine Pfadspur über Weiden und Wiesen. Wo die Höhenbummelei auf den mit »Lohweg« beschil-

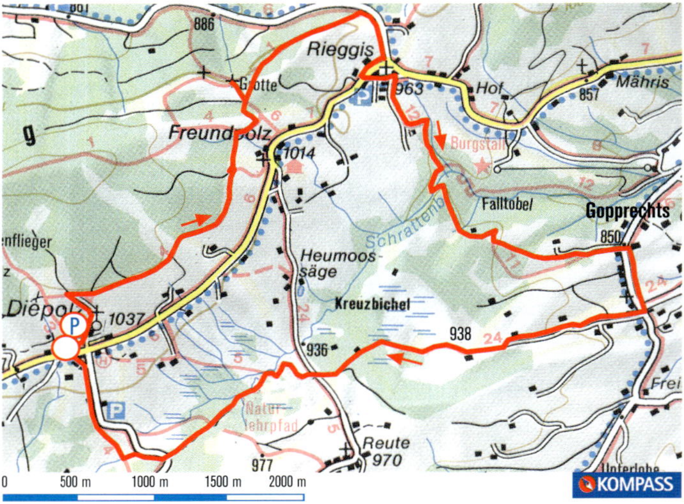

Bei Gopprechts.

derten Waldweg stößt, folgen wir diesem kurz und finden am Wald erneut eine Pfadspur vor. Bergab zur **Lohwegkapelle**, einer unter Felsen geduckten Doppelgrotte, ist es nun mit einer weiteren Wiesenquerung nicht mehr weit. Nach kurzem Rückweg wählen wir an einer Gabelung auf orange markiertem Waldpfad den Anstieg Richtung Rieggis. Weidespuren leiten ab einer jäh abstürzenden Kuppe am Waldsaum talwärts. Das nach Niedersonthofen führende Sträßchen bringt uns nach **Rieggis**.

Wir kreuzen Richtung Gopprechts die Vorfahrtsstraße. Vor einem Einzelanwesen weist das Wandertäfelchen auf eine Wiesenspur. Im Wald entdeckt man einen Pfad, der am Falltobel zu einer Verzweigung führt. Die Gopprechtser Route quert den Schrattenbach zu einer Feuchtwiese. Nach einer nochmaligen kurzen Pfadspur, die einen Stadel passiert, folgen wir einem Feldweg bis zu einer Kurve und gehen hinter einem Zaunüberstieg weglos links an einem Jägerstand vorbei über ein Weidegebiet. Ein Feldweg leitet nach **Gopprechts**.

An der Kapelle wählt man das Anliegersträßchen Richtung Diepolz bergauf zu einer Wasserversorgung. Bei einer Alphütte wechselt man zu einem Parallelweg und wandert im weiteren Verlauf auf flacher Wiesenspur zum bereits sichtbaren Beginn eines weiteren Feldwegs, der im Wald von einem Pfad abgelöst wird.

Zwischendurch mit einem feuchten Waldweg vorlieb nehmend, stoßen wir auf ein Sträßchen. Wir halten uns auf einem Naturlehrpfad immer weiter Richtung Diepolz und kommen schließlich an einer erquickenden Kneipp-Gesundheitsanlage vorbei. Ab der Gabelung nach dem Schrattenbachsteg benützt der Naturlehrpfad einen Forst- und zuletzt einen Wirtschaftsweg zurück nach **Diepolz**.

33

Über Akams nach Obereinharz

Im mannigfaltigen Bergstättgebiet

Ausgangspunkt: Immenstadt/Knottenried, Bushaltestelle (Parkplatz), 1003 m.
Gehzeit: Obereinharz 1 Std., Rückweg 1½ Std., gesamt 2½ Std.
Charakter: Einfache Anstiege. Ausreichend beschilderte Feldwege, Pfade und Pfadspuren, kurze Sträßchen, mehrere weglose Abschnitte. Orientierungssinn empfehlenswert.

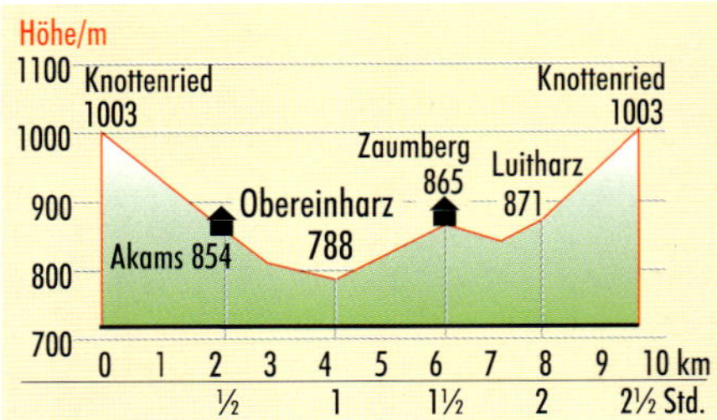

Einkehr: In Akams und Zaumberg.
Karte: KOMPASS Nr. 3.

Sonnige Bergweidegebiete, hoch gelegene Feuchtwiesen, geheimnisvolle Waldtobel, faszinierendes Alpenpanorama und blitzsaubere Weiler mit heimeligen Wirtshäusern ... Das zu Immenstadt gehörende Bergstättgebiet zwischen Hauchenberg und Alpsee ist trotz seiner eindrucksvollen Wanderrouten erfreulicherweise noch nicht in aller Munde.

Das Sträßchen bei der Bushaltestelle in **Knottenried** Richtung Akams hinunter zu einem Einzelanwesen erfreut mit einem Ausblick in die Daumengruppe. Auf dem Naturlehrpfad, der anfangs einen flachen Feldweg benützt, schlendern wir über eine Viehweide. Nach kurzem Waldweg folgen – wieder mit »Akams« beschildert – zwei weglose Wiesenquerungen.

Erneut auf einem Feldweg talwärts spazierend, schaltet sich am Wilden Bichel wieder eine weglose Wiese ein. In **Akams** nehmen wir dann am Kirchlein bergab

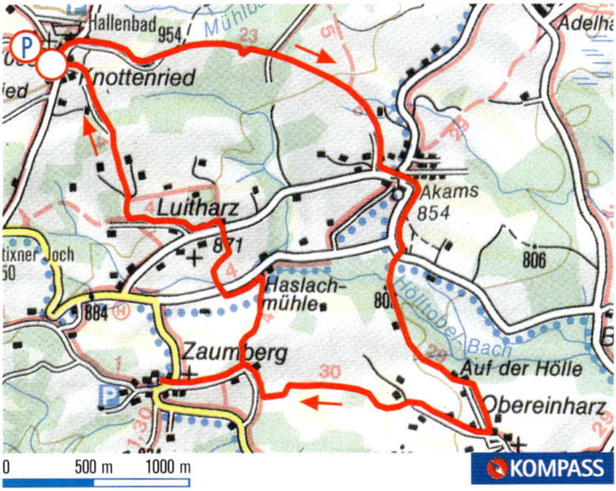

Auf aussichtsreichen Schleichwegen zwischen Knottenried und Akams.

kurz die Straße in Richtung Einharz. Bei zwei Häusern geht es auf einem Pfad über eine Wiese, im Wald über die Hölltobelbachbrücke und leicht fallend nach **Obereinharz**.

Jetzt orientiert man sich am Wegweiser »Zaumberg« und wandert bergauf zu einem einzelnen Hof. Hinter diesem durchschreitet man links auf einem Feldweg eine Wiesenmulde. Das Schildchen »Wanderweg« weist später auf eine Pfadspur. Zwischendurch passiert man ein Waldstück und trifft schon bald in **Zaumberg** ein, wo sich nochmals eine Einkehr anbietet.

Anschließend gehen wir kurz zurück zum Straßenende, wo das Schild »Luitharz (Säge)« wieder mal eine weglose Weidequerung einleitet. Auf der folgenden Pfadfinderei über eine kleine Wiesenkuppe sind die Wanderweg-Schilder zu beachten. An der Luitharzer Säge (auch Haslachmühle) nehmen wir kurz die westwärts führende Straße und gelangen im weiteren Verlauf auf einem Wiesenpfad an einem Wollgrasflecken vorbei hinein nach **Luitharz**. Man steigt nun auf einem schmalen Sträßchen bergan Richtung Knottenried und nimmt vor einer Einöde den abzweigenden Feldweg. Das Finale über die Wiesenhänge nach **Knottenried** beschert noch eine längere weglose Etappe.

Alpsee-Rundwanderweg

Um den größten Natursee des Allgäus

Ausgangspunkt: Bühl (Stadt Immenstadt), Bushaltestelle, 743 m; Parkplatz beim See, zu erreichen von der Abzweigung an der Tankstelle.
Gehzeit: Ratholz 1¾ Std., Rückweg 1½ Std., gesamt 3¼ Std.
Charakter: Kleine Steigungen. Vorbildlich beschilderte Wander- und Feldwege, Pfade und Anliegersträßchen.

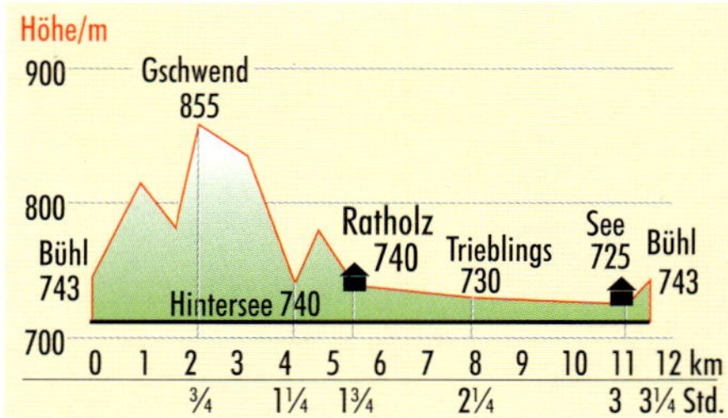

Einkehr: In Ratholz und See.
Karte: KOMPASS Nr. 3.

Unser Genießerausflug beginnt an der Bushaltestelle in **Bühl** auf dem Gehweg der Rieder Steige. Am Ortsende weist das Schild »Ergelweg n. Rieder« zu einem ansprechenden Wanderweg. Dieser begleitet den Dorfrand und steigt in ein paar Windungen über dem Alpsee durch Buchenwald nach Rieder. Dort halten wir uns in Richtung Gschwend und folgen gleich darauf einem flachen Fahrweg. Später zieht sich ein Pfad durch den Mischwald zum Wasserfall, der über zwei hohe Felsstufen in eine Tobelkerbe prasselt. Ein Treppenanstieg bringt uns nach **Gschwend**.
Das Sträßchen Richtung Hintersee verläuft nun an einer Kapelle vor-

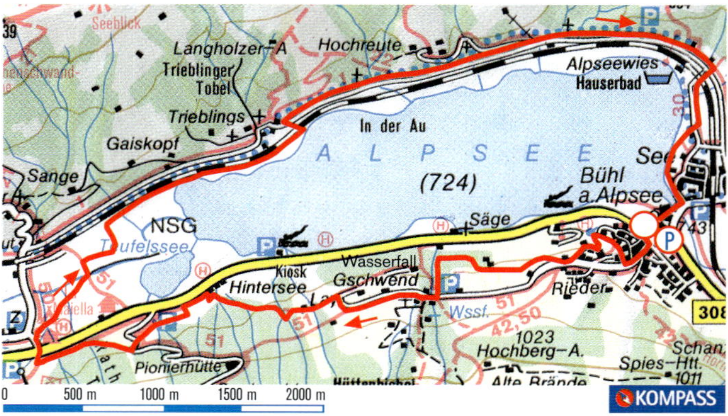

Alpsee mit Waldschopf-Duo Immenstädter und Gschwender Horn.

bei zu einem Einödhof. Dort lenkt die Eisvogel-Markierung des Alpsee-Rundwanderwegs auf einen Feldweg. Beim nächsten Einzelanwesen beginnt ein Waldpfad, der in reizvoller Anlage über zwei Bachstege und Stufen zum Weiler **Hintersee** am Ende des Alpsees führt. Etwas oberhalb der Queralpenstraße und des Teufelssees wandert man, zwischendurch kurz auf einem Alpweg, nach **Ratholz**. Beim Gasthof Hornstub'n sind am Fuß des Ratholzer Tobels nochmals zwei Bachquerungen fällig zum Gasthof Jägerhaus, wo es durch die B 308-Unterführung geht.

Teils auf einem Feldweg, teils auf einem Pfad, gelangen wir über die Konstanzer-Ach-Brücke zum Alpsee und nach **Trieblings**. Nach dem Bahnübergang spazieren wir auf dem uferbegleitenden Anliegersträßchen an der Einöde Alpseewies vorbei, bis die stimmungsvolle Seepromenade durch eine enge Bahnunterführung nach **See** leitet. Bald treffen wir auf der Kirchsteige wieder in **Bühl** ein.

Eine versunkene Stadt im Alpsee?

Nahe des Alpsee-Ostufers soll einstmals eine prachtvolle Stadt den Eingang ins Konstanzer Tal geschmückt haben. So behauptet es zumindest die Sage. Die ungewöhnlich fruchtbare Umgebung verwöhnte die Menschen mit einem Überangebot an Milch, Butter und Käse. So griff mit der Zeit die Verschwendungssucht um sich. Ja, manchen Einwohnern stieg der Reichtum sogar so zu Kopf, dass sie als Baumaterial für ihre Kellertreppen Käselaibe verwendeten. Doch die Strafe Gottes ließ nicht lange auf sich warten. Die Stadt versank samt der fetten Wiesenauen im Erdboden. Ein riesiger See füllte fortan den Talboden.

Kemptener Naturfreundehaus, 1415 m

Durch den Steigbachtobel zur Wasserscheide

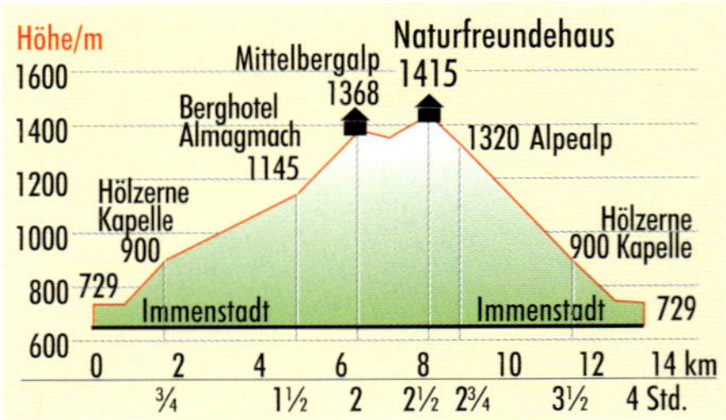

Ausgangspunkt: Immenstadt, Bahnhof (Parkplatz), 729 m.
Gehzeit: Kemptener Naturfreundehaus 2½ Std., Abstieg 1½ Std., gesamt 4 Std.
Charakter: Meist mäßig steiler, zur Mittelbergalp deutlicher Aufstieg. Bestens beschilderte Pfade und Alpwege. Bei Nässe im Steigbachtobel parallelen Forstweg benutzen.
Einkehr: Mittelbergalp, Kemptener Naturfreundehaus.
Karte: KOMPASS Nr. 3.

Auf dem Weg durch den Steigbachtobel zum Naturfreundehaus kommen wir an der freundlichen Mittelbergalp vorbei, einer Sennalp mit dem feinsten Bergkäse. Die Hütte steht genau auf der Wasserscheide. Während der Steigbach über die Iller das Fluss-

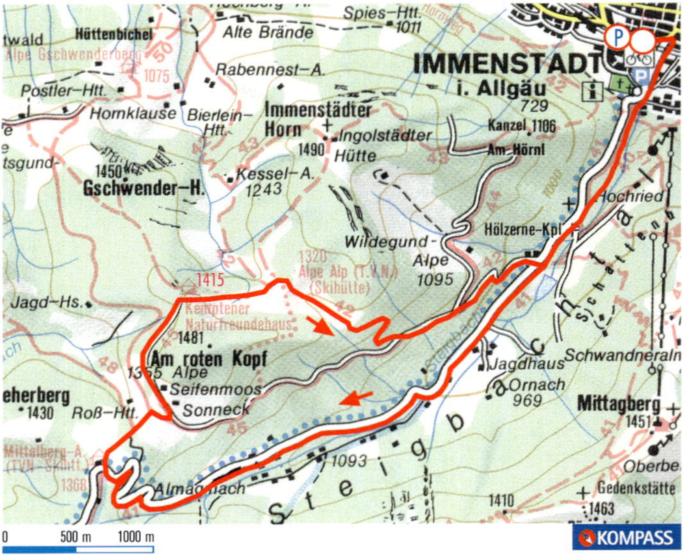

An der Mittelbergalp unter dem Stuiben liegt der Steigbachtalaufstieg hinter uns.

system der Donau unterstützt, nährt die Weißach die Bregenzer Ach und somit über den Bodensee den Rhein.

Wir gehen vom Bahnhof in **Immenstadt** Richtung Stadtmitte. Die Fußgänger-Bahnüberführung bringt uns nach der Bierstube in die Adolph-Probst-Straße. Geradeaus weiter am Friedhof vorbei spazierend, weist das Schild in den mit lichtem Mischwald gekleideten Steigbachtobel. Bei der Sepp-Gammel-Brücke verlassen wir den Forstweg auf dem Steigbachtobelweg. Der streckenweise mit Eisenstegen angelegte Pfad entführt in einen der fesselndsten Allgäuer Wildbachtobel. Die mitunter felsigen Bergflanken lassen kaum Platz für den in früheren Zeiten zu Recht gefürchteten Tosbach, seine kraftstrotzenden Wasserfälle und tiefgründigen Gumpen.

Die **Hölzerne Kapelle** taucht auf. Auf dem nun bequemen Alpweg halten wir uns Richtung Naturfreundehaus und an einer Gabelung zum privaten **Berghotel Almagmach**, wobei zweimal das Bachufer gewechselt wird. Durch Fichtenwald empor zur urgemütlichen **Mittelbergalp** auf der Passhöhe haben wir ein paar einheizende Kehren zu überwinden. Zufrieden schaut man von der Einkehr hinüber zu den westlichen Nagelfluhbergen über dem Weißachtal. Ein Pfad führt nach einer schmackhaften Käsbrotzeit durch eine leicht moorige Senke zum Bergwachtstützpunkt Seifenmoosalp. Wieder auf einem Alpweg erreicht man in gemächlicher Steigung am Roten Kopf das **Kemptener Naturfreundehaus**, einen beliebten Stützpunkt für Bergwanderer.

Als Abstieg wählen wir den Steig durch einen Waldfleck zu der auf einem Weidesattel stehenden **Alpealp**. Die nach Immenstadt beschilderten Ziehwegkehren entschwinden bald im Wald. Die Route mündet später in den Alpweg vom Naturfreundehaus. Wir erreichen wieder die **Hölzerne Kapelle** und nehmen die bekannte Route nach **Immenstadt** auf.

36

Bärenkopf, 1463 m

Wandern bergab

Ausgangspunkt: Immenstadt, Bahnhof (Parkplatz), 729 m.
Gehzeit: Bärenkopf ¾ Std., Abstieg 2¾ Std., gesamt 3½ Std.
Charakter: Kaum nennenswerte Anstiege, längerer Steilabstieg. Meist gut bezeichnete Pfade und Steige, kurz auf Alpweg, Sträßchen, Pfadspur und weglosem Abschnitt.
Einkehr: Bergstation-Gaststätte, Sennalpe Oberberg.
Karte: KOMPASS Nr. 3.

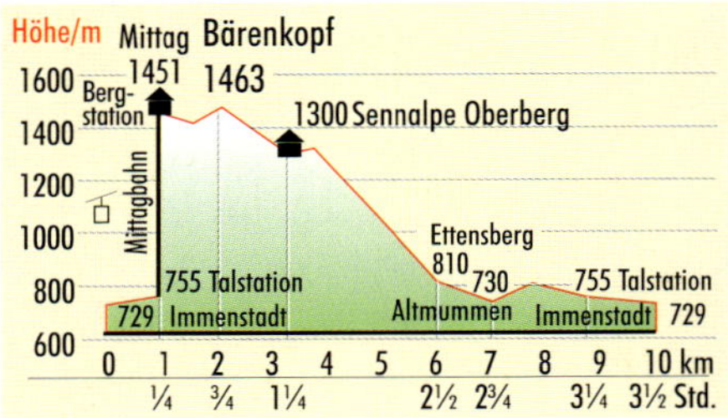

Bevor die leichtfüßige Bergwanderung beginnt, spazieren wir kurz vom Bahnhof in **Immenstadt** Richtung Stadtmitte, nach der Bierstube über die Fußgänger-Bahnüberführung in die Adolph-Probst-Straße, geradeaus zur Gottesackerkapelle, passieren die Schranke der Anliegerstraße, queren mittels der holzgedeckten Sepp-Gammel-Brücke den Steigbach und gelangen so auf dem Wanderweg zur **Mittagbahn-Talstation**. Die Gondel bringt uns in zwei Sektionen zur Bergstation-Gaststätte.

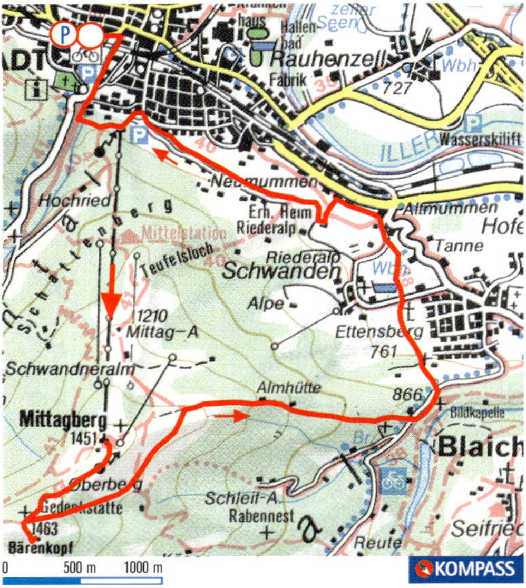

Im Nu geht's auf dem mit »Bärenköpfle« beschilderten Pfad zum **Mittag** (auch Mittagberg) hinauf.

Gedenkkreuz am Fuß des Bärenkopfs.

Die Ausschau nach Norden wird leider durch Fichten behindert. Dafür grüßen über dem Illertal die Allgäuer Hochalpen. Auf dem locker bewaldeten Kamm bummeln wir zu einem Nagelfluhfelsen mit dem Gedenkkreuz des Gebirgstrachten- und des Heimatvereins Blaichach. Im Westen reckt sich die Felsnase des Steinebergs empor. Von der kleinen Schulter am Bärenkopf weitet sich der Blickwinkel ins Bregenzerwaldgebirge. Die letzten Meter zum **Bärenkopf** mit leider wieder eingeschränkter Aussicht gewinnt man weglos über einen kleinen Weidehang.

Zurück am Gedenkkreuz nehmen wir den Pfad durch eine Mulde und einen Waldstreifen hinunter zur **Sennalpe Oberberg**, wo die Möglichkeit einer Sennerei-Besichtigung mit Käseprobe besteht. Nun folgen wir dem flachen Alpweg auf den Grünten zu und zweigen gleich in der ersten Kurve auf den Steig Richtung Ettensberg ab. Über Lichtungen steigen wir zunehmend steiler an einer kleinen Hütte vorbei. Beim Unterstand mit dem leicht übertriebenen Namen Hotel Poldi benützt unser Kurs talwärts kurz ein stilles Sträßchen. Nach der Bild-Kapelle (auch Sühnekapelle) passiert der Pfad Richtung Altmummen am Ortsbeginn von **Ettensberg** Schmidelers Kapelle.

Wir schlendern über Pferdeweiden und auf flacher Wiesenspur nach **Altmummen**. Zu den nahen Häusern von Neumummen führt uns wieder ein Pfad. Mit einem kleinen Treppen-Gegenanstieg geht es zum Ortsteil Riederalp, bevor uns ein Anliegersträßchen zur Mittagbahn und zurück zum Ausgangsort nach **Immenstadt** bringt.

37

Über Halden zum Sonthofner See

Vergnügungsbummelei im oberen Illertal

Ausgangspunkt: Blaichach, Bahnhof (Parkplatz), 733 m.
Gehzeit: Sonthofner See 1¾ Std., Rückweg 1 Std., gesamt 2¾ Std.
Charakter: Leichte Aufstiege. Ausreichend beschilderte Pfade, Wander- und Wirtschaftswege, kurze Abschnitte auf Straßen und Pfadspuren.
Einkehr: In Kühberg und Bihlerdorf.

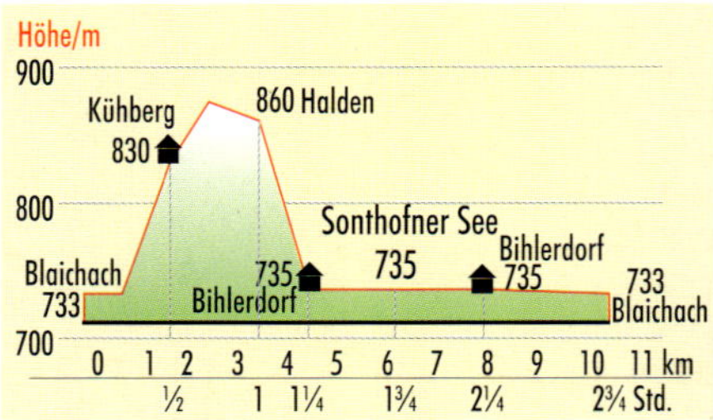

Karte: KOMPASS Nr. 3.

Diese kleine Vorgebirgstour beweist wieder einmal anschaulich, dass es gar nicht immer erforderlich ist, dem Berg Stunde um Stunde Höhenmeter abzuringen,

um glücklich und zufrieden sein zu können. Eine geschickte Routenwahl auf amüsanten Schleichwegen verbindet im vorliegenden Fall dorfnahe Aussichtspunkte mit einer romantischen Badeseeumrundung und einem erfrischenden Flussspaziergang.

Wir nehmen in **Blaichach** beim Bahnhof den Gehsteig Richtung Sonthofen und wählen nach der Schwarzenbachbrücke den nach Kühberg ansteigenden Feldweg, von dem bald ein Pfad abzweigt. Bei einem Stadel leitet eine Wiesenspur zu einer bereits sichtbaren Ruhebank. Über dem Dorffleck baut sich der Grünten auf und hinter Sonthofen beeindruckt der lange Felskamm der Daumengruppe.

Am Ortsanfang von **Kühberg** dirigiert uns der Wegweiser »Haldertobel« auf ein schmales Kurvensträßchen. An der kommenden Routenteilung folgen wir

Unmittelbar am westlichen Stadtrand von Sonthofen begeistert der romantische Sonthofner See.

einem Feldweg, im weiteren Verlauf einem Wanderweg über den bewaldeten Höhenrücken zu der Häuseransammlung **Halden**. Dort setzt auch schon wieder der Talkurs an.

Man hält sich ein ganz kurzes Stück an die Straße von Gunzesried und bummelt auf dem Pfad Richtung Bihlerdorf über aussichtsreiche Wiesenhänge. Bei Seifriedsberg quert man ein Sträßchen und gelangt auf einem Waldwanderweg an einem Bächlein entlang nach **Bihlerdorf**.

Dort geht's auf der Hofackerstraße und rechts auf der Oberzollbrückestraße zum Beginn des Blaichacher Ortsteils Oberzollbrücke. Nach der Ettensbach-Fußgängerbrücke spazieren wir auf teilweise geteertem Wirtschaftsweg um den **Sonthofner See**, der Aussicht wegen vorzugsweise gegen den Uhrzeigersinn. Das beliebte, stadtnahe Badegewässer nennt sich auch Illersee. Zurück an der Ettensbachbrücke gehen wir auf einem Sträßchen zur Illerbrücke. Ein beschaulicher Wanderweg führt am Flussufer über **Bihlerdorf** und unter der Eisenbahnbrücke hindurch zurück nach **Blaichach**.

38

Gündleskopf, 1748 m, und Buralpkopf, 1772 m

Durchs Aubachtal in die Rindalpen

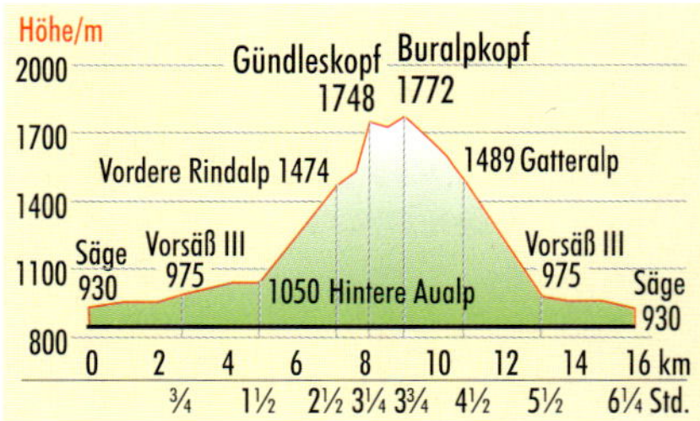

Ausgangspunkt: Gunzesried/Säge (Gemeinde Blaichach), Bushaltestelle, 930 m; Parkplatz am Ortseingang.
Gehzeit: Vordere Rindalp 2½ Std., Buralpkopf 1¼ Std., Abstieg 2½ Std., gesamt 6¼ Std.
Charakter: Ab Hinterer Aualp langer mittelsteiler Aufstieg und steile Abstiegsetappe vom Buralpkopf. Meist beschilderte Pfade und Ziehwege, kurzer Steig, zu Beginn längeres Alpsträßchen. Vorsicht bei Nässe!
Karte: KOMPASS Nr. 3.

Die Zweigipfel-Überschreitung beginnt an der Bushaltestelle im Ortsteil **Säge**. Auf dem anfangs steigenden Alpsträßchen wandern wir ins Aubachtal hinein und vorbei an der Alphütte Vorsäß I. Rechter Hand begleiten uns die reich gescharteten Rindalpen. Nach Queren des Aubachs ziehen über der Hütte Vorsäß II steile Mischwälder zum Stuiben hinauf. Hinter **Vorsäß III** steigt unser Kurs durch einen Waldflecken wieder ein wenig an zur Vorderen Aualp. Dort bestiecht der Siplingerkopf mit der Erosions-Kulisse der Spießwände.
Nun richten wir uns nach dem Wegweiser »Gründelesscharte«. Die **Hintere Aualp** ist die letzte Station im Tal. Unter dem Felsriegel der Roten Wand schwingt sich ein Ziehweg, später in Kehren, durch Waldflecken empor. An seinem Ende steht die **Vordere Rindalp**. Auf einem Pfad ist es

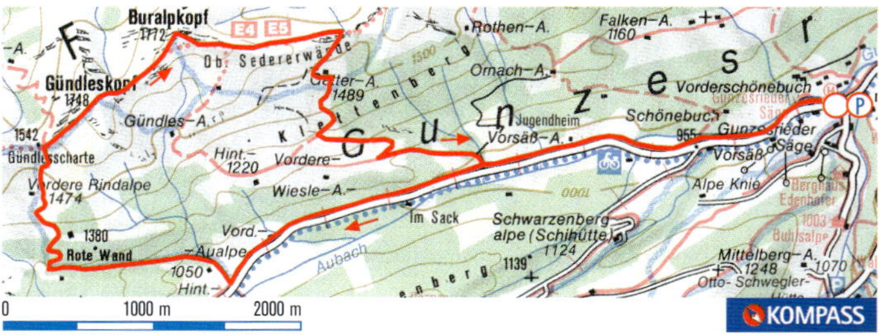

Im Aubachtal beim Gunzesrieder Ortsteil Säge.

dann nicht mehr weit zur Gündlesscharte. Nach einem deutlichen Kammaufschwung erreicht man den **Gündleskopf**, den nur eine kleine Einsattelung vom **Buralpkopf** trennt. Diese beiden Berge sind Bestandteil der Fernwanderwege E 4 und E 5 und machen dem Sammelnamen Rindalpen alle Ehre. Möglicherweise gefällt ja den »Hornträgern« der Anblick der Oberstdorfer Berge ebenso gut wie uns.

Nun setzt eine anregende, überwiegend flache Etappe an, über den Oberen Sedererwänden mit einem schmalen und steilen, felsdurchsetzten Gratsteig, zu einem Sattel. Ein Pfad leitet hinunter zur **Gatteralp**. Wir überschreiten einen Graben und wandern nach einem Waldstreifen wieder über Weidehänge in ein paar weiten Schleifen zum Waldweg unterhalb der Vorderen Wieselealp.

Am **Vorsäß III** stoßen wir auf die bekannte Route zum Ausgangsort **Säge**.

Bei »kuhranzendunkler« Nacht über Steilabbrüche

Am Buralpkopf mussten einst Immenstädter Bergwachtmänner nachts einen verunglückten Skitouristen abtransportieren. Da der Rückweg mit dem Akia über den schmalen Grat viel zu gefährlich gewesen wäre, entschieden sich die Retter für den vermeintlich leichteren Abstieg ins Aubachtal. Doch keinem der Männer war die Gunzesrieder Seite bekannt. So verstrickten sie sich in heimtückisches, teilweise felsiges Steilgelände mit lahnigen Rinnen. Nur mit viel Bedachtsamkeit und einer ungeheuren Portion Glück konnte die äußerst kraftraubende Aktion ein glückliches Ende nehmen.

Stuiben, 1749 m

Peppige Steilhänge und Grate

Ausgangspunkt: Gunzesried/Säge (Gemeinde Blaichach), Bushaltestelle, 930 m; Parkplatz am Ortseingang.
Gehzeit: Stuiben 2½ Std., Abstieg 2 Std., gesamt 4½ Std.
Charakter: Ab der Ornachalp anstrengender Aufstieg, der ausgesetzte, drahtseilgesicherte Gipfelabstieg erfordert Trittsicherheit. Meist gut bezeichnete Pfade und Steige, anfangs Alpsträßchen, kurze Pfadspur. Vorsicht bei Nässe!
Karte: KOMPASS Nr. 3.

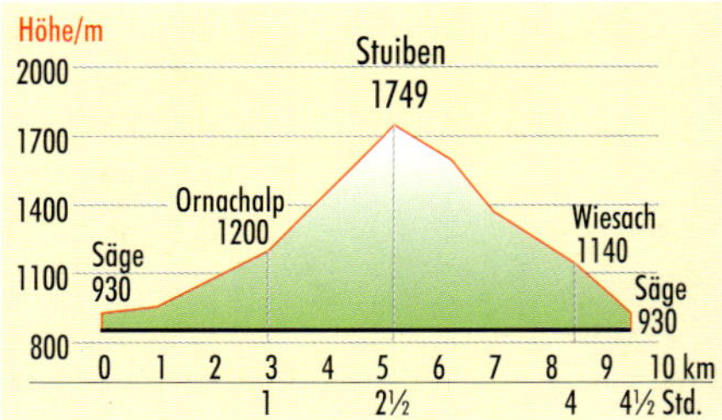

Der Auftakt zu der mit allerhand neckischen Einlagen gewürzten Gipfelüberschreitung verläuft verdächtig harmlos. Von der Bushaltestelle im Ortsteil **Säge** spazieren wir auf dem anfangs steigenden Alpsträßchen ins Aubachtal hinein, zur Rechten Sedererstuiben und Stuiben. Wir passieren die Sennalp Gerstenbrändle und lassen uns nach unwesentlichem Höhenverlust an der Alphütte Vorsäß I vom Schild »Alpe Ornach« den weiteren Kurs zeigen. Es folgt eine kurze Weidespur, dann trägt uns eine Brücke über den Aubach. Ein kräfteschonender Pfad zieht sich an der Schönebuchhütte vorbei durch den Bergwald. In engem Zickzack steigen wir empor zur **Ornachalp**.

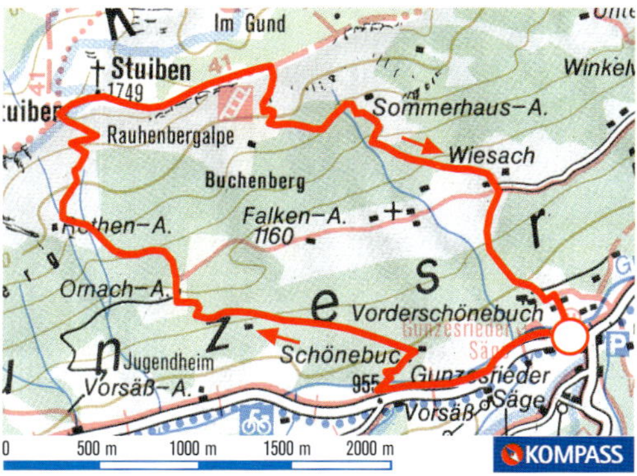

Knorrige Ahorne und später teilweise orange gefärbte Nagelfluhriegel säumen den schweißtreibenden Steig über die licht bewaldete Südflanke Richtung Stuiben. In der Alpwanne unter dem Sederer können wir endlich für

Nebelschwaden verhüllen den spannenden Ostabstieg vom Stuiben zur Alpsiedlung Wiesach.

eine kleine Weile aufatmen. An der verfallenen Rothenalp ist eine Felsmarkierung zu beachten. Das einheizende Engagement über nun steilste Weidehänge wird jedoch durch das herrliche Panorama der Hochalpenkette von der Daumengruppe bis zum Ifen belohnt.

Zuletzt strebt man auf einem gut angelegten Höhenweg unmittelbar neben dem Kamm dem **Stuiben** entgegen. Erhebend ist der schöne Tiefblick über die nordseitigen Abbrüche zu dem reizvollen Feuchtgebiet bei der Gundalp. Nach einem anspruchsvollen Steilabstieg über einen recht ausgesetzten Felsgrat mit langem Drahtseil beachte man nördlich des Grates die Markierung.

Der obere Steig ist etwas schwieriger. Die nächste schmale, flache Gratrippe in dieser fesselnden Nagelfluh-Kleinlandschaft ist wiederum mit einem Drahtseil entschärft. Schließlich bringt uns eine Holztreppe hinauf zu einem Sattel. Richtung Gunzesrieder Tal geht's nochmals steil hinunter in die winzige Alpwanne am Fuß der Rauhen Schlucht. Auf einem Alpsteig an Felssturzblöcken vorbei steigend, verdichtet sich der Wald zusehends. Von der kleinen Alpsiedlung **Wiesach** bringt uns ein Pfad zurück zum Ortsteil **Säge**.

Falkenstein, 1116 m

Kitzliger Felsenthron über der Iller

Ausgangspunkt: Rettenberg, Bushaltestelle am Rathaus, 806 m; Parkplatz an der Turnhalle.
Gehzeit: Falkenstein 1 Std., Abstieg 1 Std., gesamt 2 Std.
Charakter: Kurzzeitig steilerer, wiederholt mit Drahtseilen gesicherter und etwas ausgesetzter Gipfelaufstieg. Meist gut bezeichnete Pfade und Pfadspuren, kleine Abschnitte auf Steig und Waldweg sowie auf Feldwegen.
Karte: KOMPASS Nr. 3.

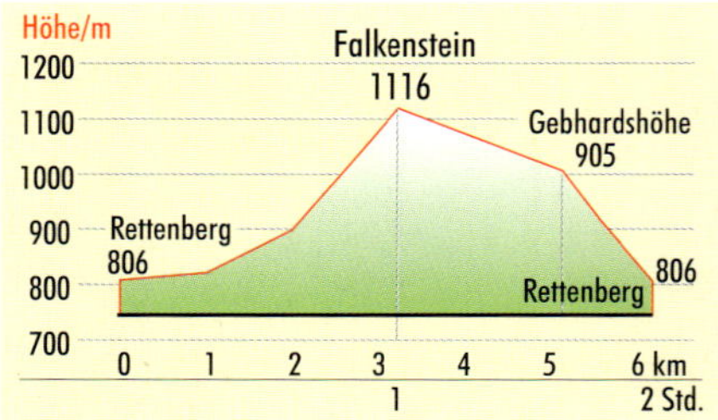

Von der Häuserschar des am Grünten-Bergfuß versammelten, anmutigen Dorffleckens Rettenberg erschließen gleich mehrere Wanderwege den lang gezogenen Rottachberg-Höhenzug mit dem 400 m über dem Illertal thronenden Falkenstein, auch »Auf dem Falken« genannt. Wir wollen für den Besuch des überraschend exponierten Aussichtsfelsens eine Kombination aus dem wildromantischen Waldweg und dem pfiffigen Gratweg wählen, eine durchaus schon als mittelschwer einzustufende Spritztour.

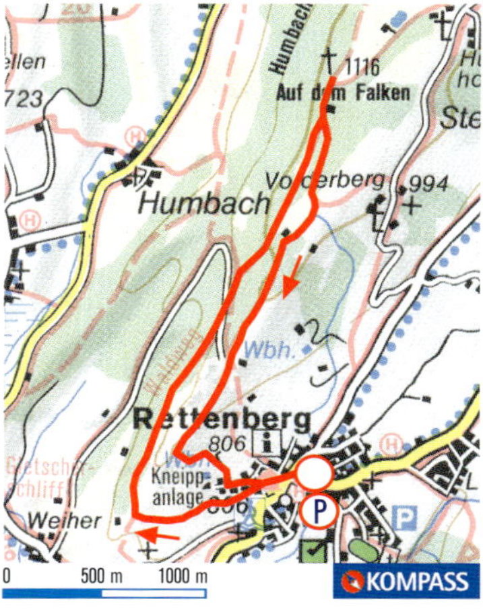

Man nimmt in **Rettenberg** am Rathaus den Gehsteig zur Ortsmitte und hinter dem Gasthof Adler-Post an einem bewahrten alten Holzhaus vorbei den ansteigenden Falkensteinweg, bis der Wanderwegweiser »Kleiner Rundweg – Gebhardshöhe« in die Bergstraße weist. Ab dem Ortsende bietet ein flacher Feldweg freie Sicht ins obere Illertal und in den Formenreichtum der Allgäuer Hochalpen. Ein Wiesenpfad leitet von einem Flurkreuz zu einer Rastbank unter einer ausladenden Eiche.

Malerisch schmiegt sich der Erholungsort Rettenberg an den Westrücken des Falkensteins. Über dem Illertal grüßt der Hauchenberg.

Den Kurs zur Gebhardshöhe verlassen wir an der Routenteilung kurz danach auf dem Waldweg Richtung Falkenstein. Kaum spürbar geht es bergan durch Mischwald. Bald findet man wieder einen Pfad vor, der sich über, später auch unter Nagelfluhabstürzen deutlicher empor schwingt. An einer Kreuzung bleibt man dem gewohnten Wegweiser treu. Der mit zahlreichen Drahtseilen gesicherte Aufstieg gestaltet sich gelegentlich etwas ausgesetzt. Ab der Gabelung bei einer kleinen Hochmulde ist es nicht mehr weit zum **Falkenstein**.

Unter uns breitet sich großflächig und beiderseits der Iller ein beeindruckendes Mosaik aus Wiesen und Waldflecken mit eingestreuten Siedlungen bis weit nach Kempten hin aus.

Zurück an der Gabelung bei der Hochmulde stoßen wir erneut auf die Tafel »Gebhardshöhe«. Nach kleinem Gegenanstieg mit kurzer Felsstufe setzt der reizvolle Abstiegssteig an. Der so genannte Gratweg folgt einem schmalen, bewaldeten Bergkamm. Weiter unten führt ein zwischendurch undeutlicher Pfad über einen bequemen Rücken mit Weidelichtungen zum Aussichts-Pavillon auf der **Gebhardshöhe**. Nach einem Viehtrieb schließt sich auf dem direkten Dorfabstieg in **Rettenberg** das schlanke Tourenoval.

Berggasthof Kranzegg, 1080 m

Lachsalven auf dem Witz-Wanderweg

Ausgangspunkt: Rettenberg/ Kranzegg, Bushaltestelle am westlichen Ortsrand, 855 m; Parkplatz am Grüntenlift, außerhalb des Dorfes.
Gehzeit: Berggasthof Kranzegg ¾ Std., Rückweg 1 Std., gesamt 1¾ Std.
Charakter: Kurzer, mäßig steiler Aufstieg. Gut bezeichnete Steige und Pfade, kurz Feldweg und Pfadspuren, zuletzt Alpweg.
Einkehr: Berggasthof Kranzegg, Berghof Deubele.
Karte: KOMPASS Nr. 3.

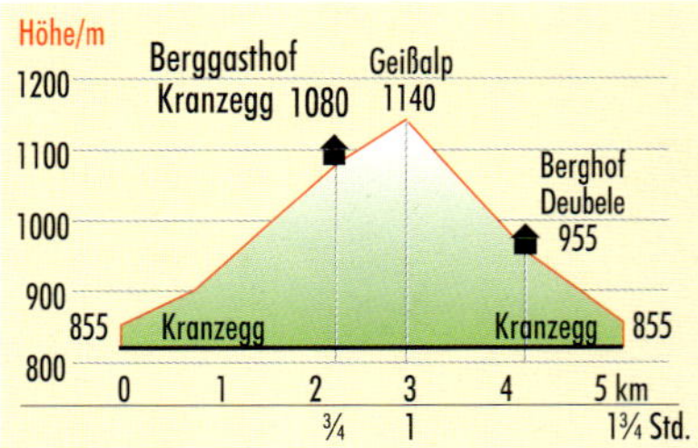

Auf den meisten Wanderwegen werden bekanntlich nur wenige Muskelpartien trainiert. Ganz anders auf vorliegendem kleinen Ausflug. Nein, nicht die Oberarme sind gemeint. Die Skistöcke kann man angesichts der recht einfachen Routenführung getrost zu Hause lassen. Heute geht es ausnahmsweise mal um Muskelstränge, die im arbeitsreichen Alltagsleben ohnehin von der Kümmernis bedroht sind: die Lachmuskeln. Unzählige Bild- und Texttafeln erheitern den lesefreudigen Geher auf »Oberallgäus lustigem Wanderweg« am laufenden Band. Wir benützen in **Kranzegg** vom westlichen Dorfrand den Gehsteig zum Alpengasthof Kreuz. Dort nehmen wir den Fußgängerweg an einem Bach bergauf und lassen uns vom Täfelchen »Oberallgäus lustiger Wanderweg« den Kurs zeigen. Die unterhaltsame Runde folgt in der ersten Kurve dem mit »Haus Kranzegg« beschilderten, mäßig steilen Tobelweg, einem spannenden Waldsteig. An der nächsten Gabelung quert der Witzkurs den Wildbach und passiert einen kleinen Wasserfall. Auf einem Forstweg kreuzen wir einen Quellarm dieses Bachlaufs und gelangen auf einem Pfad unter dem Hochbehäl-

ter vorbei zum **Berggasthof Kranzegg**, der zu einer gemütlichen Einkehr verlockt.
Bei der anschließenden Privathütte weist das Schild »Alpe Kammeregg« auf eine kurze Weidespur, die unter zwei Skiliften hindurch zur Schwarzalp leitet. Dort kreuzt die Witzroute ein Alpsträßchen. An der darauffolgenden Ruhebank genießt man einen hübschen Ausblick vom Hauchenberg über den langen Rottachberg – dahinter grüßt der Blenderturm – zum Rottachsee. Ein kaum mehr steigender Feldweg hält nun auf den Grünten zu und bringt uns zur betagten **Geißalp**, dem höchsten Punkt der Tour. Nun zeigen sich auch Mittag, Steineberg und Immenstädter Horn.
Ein kleines Stück später verläuft ein Pfad über Weidehänge bergab Richtung Kranzegg. Bald nimmt uns ein geteerter Alpweg auf, der talwärts nochmals unter den beiden Skiliften hindurch führt. Zuletzt geht's an der hölzernen Asante-Christus-Kapelle und dem Berghof Deubele vorbei nach **Kranzegg**.

Neugierig-verschämtes Kleeblatt auf der Bergweide (oben).
Im Rettenberger Filialort Kranzegg startet der Witz-Wanderweg (unten).

Schnitzlertalalp, 1385 m

Verschwiegene Pfade im Großen Wald

Ausgangspunkt: Rettenberg, Wanderparkplatz »Großer Wald«, Bushaltestelle, 1005 m; zu erreichen auf der Staatsstraße Richtung Wertach.
Gehzeit: Schnitzlertalalp 1¾ Std., Rückweg 1¾ Std., gesamt 3½ Std.
Charakter: Mäßig steile Anstiege. Ausreichend beschilderte Pfade, Pfadspuren und Forstwege, zu Beginn Alpsträßchen.

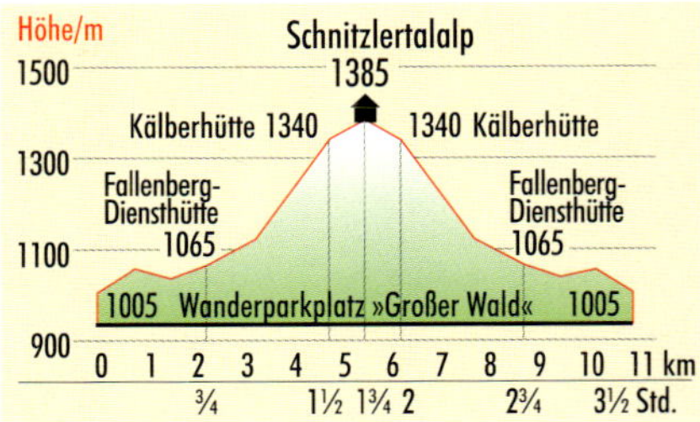

Einkehr: Schnitzlertalalp.
Karte: KOMPASS Nr. 3.

Der Große Wald stellt das umfassendste zusammenhängende Waldgebiet des Oberallgäus dar. Ganze Kolonnen Naturhungriger lassen sich dort an Schönwetter-Wochenenden auf dem steilen Mautsträßchen zur Schnitzlertalalp geduldig von »Autowanderern« sowie Rennradlern und Mountainbikern zigmal zum Fahrbahnrand weisen. Besonders für Kinder ein ziemlich fader Zeitvertreib. Dabei könnte man auf dem zum gleichen Ziel beschilderten, köstlichen Wanderpfad völlig ungestört relaxen. Als Rückweg bleibt, falls man sich auch jetzt nicht mit dem Sträßchen anfreunden möchte, nur der bekannte Kurs. Der noch in manchen Karten eingezeichnete Rundwanderweg ist längst verfallen.

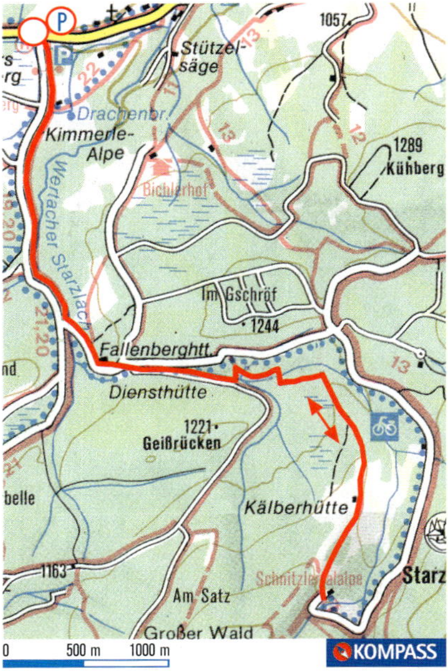

Das mit »Alpe Schnitzlertal« ausgeschilderte Königssträßle, ein als Naturlehrpfad angelegtes und mit einer Fuchsfährte markiertes Mautsträßchen, führt uns vom **Wanderparkplatz »Großer Wald«** leicht bergan über ein Weidegebiet. Bald nach einer Kuppe spazieren wir am Unterstand Geißbrünnl vorbei und über die Brücke der Wertacher Starzlach. Durch Mischwald geht's zur **Fallenberg-Diensthütte**.

Dahinter zweigen wir auf einen Forstweg ab und queren denselben Bachlauf noch einmal. Diese ruhige Alternativroute zur Schnitzlertalalp wird nach erneutem Uferwechsel von einem Waldweg abgelöst. Man passiert einen Schuppen und findet am Fahrwegende einen Bachsteg vor. In weiterhin erholsamer Manier genießt man die verträumte Bummelei auf einem amüsanten Knüppelpfad durch ein sehr stimmungsvolles Feuchtgebiet. Später hält ein Waldpfad ein paar deutlichere Aufschwünge parat. Auf einer Weidespur gelangen wir über Lichtungen zur **Kälberhütte**, einem Viehstall auf einem Geländeabsatz.

Am ostseitig aufragenden Starzlachberg haben die Waldschäden ein leider schon sehr betrübliches Ausmaß angenommen. Jenseits des Wertacher Starzlachtals grüßt der Grünten-Sendeturm. Ein gemächlicher Rücken leitet uns zur behaglichen **Schnitzlertalalp** unter dem besonders zur Zeit der Alpenrosenblüte anziehenden Doppelgipfel Wertacher Hörnle.

Der Schlussaufstieg hält über gemütliche Alpweiden aufs Wertacher Hörnle zu.

Grünten, 1738 m

Mit Ruhepuls auf den Parade-Aussichtsberg

Ausgangspunkt: Rettenberg, Wanderparkplatz »Großer Wald«, Bushaltestelle, 1005 m; zu erreichen auf der Staatsstraße Richtung Wertach.
Gehzeit: Grüntenhütte 1¾ Std., Grünten ¾ Std., Abstieg 2½ Std., gesamt 5 Std.
Charakter: Steiler Schlussaufstieg. Ausreichend bezeichnete Pfade, Steige und kurze Ziehwege, anfangs Alpsträßchen.

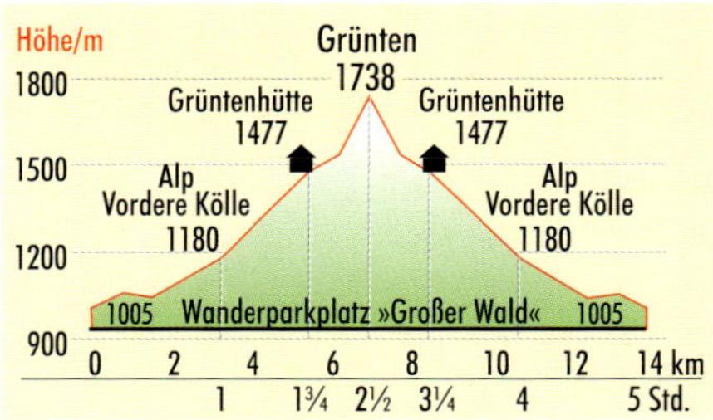

Einkehr: Grüntenhütte.
Karte: KOMPASS Nr. 3.

Der leichteste Aufstieg zum wohlgeformten »Wächter des Illertals« beginnt am **Wanderparkplatz »Großer Wald«**. Das zum Abenteuer-Kinderspielplatz beschilderte Königssträßle, ein als Naturlehrpfad angelegtes und mit einer Fuchsfährte markiertes Mautsträßchen, führt über Weiden leicht bergan. Von der Gabelung bei dem nach einer Kuppe auftauchenden Unterstand Geißbrünnl erreichen wir in Kürze den Kinderspielplatz. Unser Entspannungskurs setzt sich weiter fort durch den Badwald zur **Alp Vordere Kölle**, auch Willersalp genannt. Die Grünten-Markierung weist uns auf einen Ziehweg, links zeigt sich der Waldschopf des Wertacher Hörnles. Ab einer nahen Alphütte hält ein spär-

Die letzten Meter zum »Wächter des Illertals«.

lich markierter, gemütlicher Graspfad auf das plötzlich in Erscheinung tretende Gipfelziel zu. Schön ist der Tiefblick auf Wertach und den Grüntensee, dahinter der Auerberg. Wo der Pfad im Fichtenwald untertaucht, zeigt sich die zwar winzige, aber dennoch beeindruckende Felszinne des Gigglsteins. Die Abzweigung Richtung Kranzegg auf dem nun schmäleren Rücken bleibt unbeachtet. Gleich nach dem Bergwachtstützpunkt am Waldende kommt man auf einer Schulter zur **Grüntenhütte**. Weit schweift das Auge über das Häusermeer von Kempten hinaus ins Alpenvorland. Im Süden bestechen die Hintersteiner Berge mit dem Hochvogel.

An einem weiteren Schlepplift folgen wir einem Ziehweg über Weidehänge, wieder das stolze Ziel vor der Nase. Später nimmt uns ein gedankenlos breit ausgetretener, steiler Steig auf, der zuletzt in wenigen Serpentinen den kurzen Ostgrat erreicht. Noch ein paar leichte Felsstufen, erst links, dann rechts des Grätchens, und schon betreten wir das Jägerdenkmal auf dem **Grünten**, dessen höchster Punkt sich auch Übelhorn nennt.

Es ist kaum zu glauben, dass dieser Gipfel, wie man nachlesen kann, bereits im Jahre 1949 mit einem Motorrad bezwungen wurde. Die beeindruckende und umfassende Rundschau hat Majestäten wie die Zugspitze, den Säntis oder die Schesaplana im Rätikon vorzuweisen.

44

Ellegghöhe, 1120 m

Malerisches Seenland und ein »Grüner Pfad«

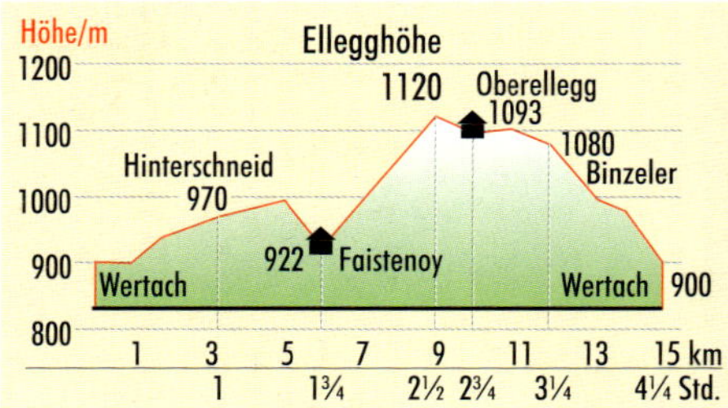

Ausgangspunkt: Wertach, Bushaltestelle beim Verkehrsamt (Parkplatz), 900 m.
Gehzeit: Faistenoy 1¾ Std., Ellegghöhe ¾ Std., Abstieg 1¾ Std., gesamt 4¼ Std.
Charakter: Einfache Steigungen. Meist gut beschilderte Wirtschafts- und Forstwege, Pfade und Pfadspuren, stille Sträßchen.
Einkehr: In Faistenoy und Oberellegg.
Karte: KOMPASS Nr. 3.

Die Genießertour beginnt beim Verkehrsamt in **Wertach**. Ein Schild weist uns an einem skurrilen Erosionsgebilde vorbei zur Sennerei im Kramerweg. Nach Queren der Marktstraße steigt bei der Bäckerei eine Sackgasse an zur Kirche. Auf dem Panoramaweg geht's an der Hauptschule vorbei. Den Wanderwegweiser »Wolfsgrube« beachtend, schlendern wir auf einem Feldweg am Hang entlang und halten uns an einer Gabelung geradeaus.
Die blaue Markierung lenkt zum Campingplatz. Beim Spielplatz

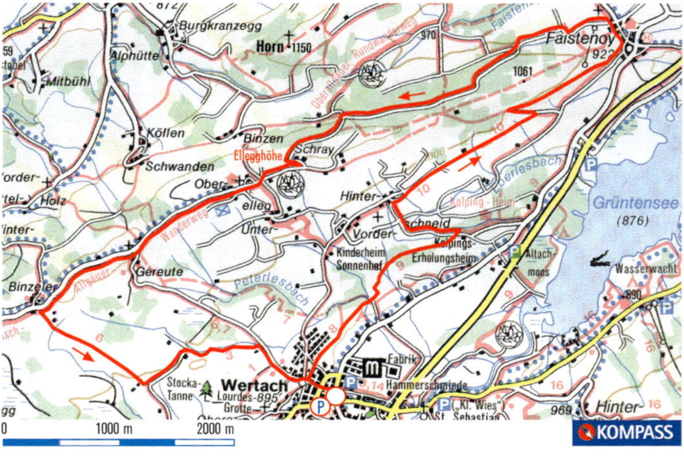

Während des Abstiegs nach Wertach zeigt sich der Grünten.

queren wir den Peterlesbach. Richtung Grüntensee passiert man im weiteren Verlauf auf einer Wiesenspur einen Feldstadel und überschreitet dann einen weiteren Bachlauf. Ein Pfad schwingt sich am Waldrand kurz bergan. Nach einem kleinen Waldstück stoßen wir vor dem Kolpingheim auf einen Wirtschaftsweg. Dieser bringt uns zum Weiler **Hinterschneid**. Der über dem Grüntensee entlang der Ellegghöhe verlaufende, aussichtsreiche Kurs nach **Faistenoy** verschmälert sich für eine Weile zum Pfad.

Wir wandern oberhalb der Kirche vorbei und folgen links der Brunnenstraße. Das Täfelchen »Oberelleg« weist am Ortsende auf den Schwäbisch-Allgäuer-Wanderweg, einen Wirtschaftsweg. An der Gabelung, im Anschluss an einen Aufschwung, wechselt der Kurs in einen Forstweg, der zwischendurch deutlich ansteigend zur **Ellegghöhe** mit den Höfen von Schray leitet.

Auf dem verkehrsfreien Höhensträßchen über Wiesenhänge nach **Oberellegg** und auf den Grünten zu nach Gereute mit betagter Kapelle kommt man an einer Panoramatafel vorbei. Bei den Höfen von **Binzeler** dirigiert uns dann – nach einem Ausblick zum Rottachsee und übers Illertal – der Wegweiser »Wertach-Kirche« auf einen talwärts führenden Feldweg, vor uns die Tannheimer Felszinnen. Kurz nach einer Gabelung geht's auf höchst einsamer Pfadspur über eine Reihe von Viehweiden. Auf einem als »Grüner Pfad« eingerichteten, zuletzt geteerten Wirtschaftsweg kehrt man zurück nach **Wertach** und erfährt dabei noch so manches über Land- und Forstwirtschaft.

Reuter Wanne, 1541 m

Einer der leichtesten Voralpengipfel

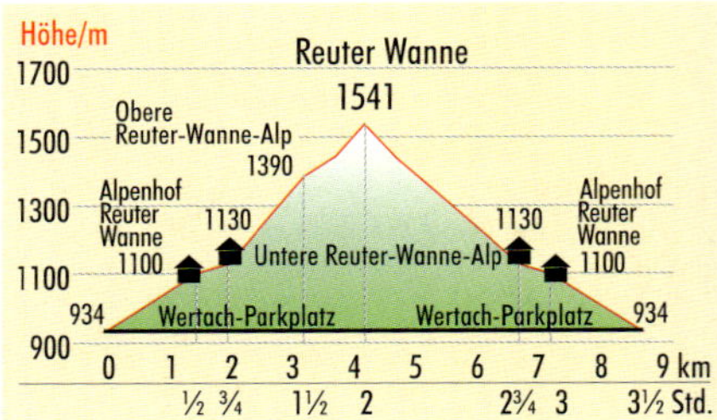

Ausgangspunkt: Wertach, Wertach-Parkplatz an der B 310, Abzweigung Jungholz; Bushaltestelle, 934 m.
Gehzeit: Reuter Wanne 2 Std., Abstieg 1½ Std., gesamt 3½ Std.
Charakter: Kurze steilere Aufstiege. Meist beschilderte Forst- und Ziehwege, Pfade, anfangs Alpsträßchen. Orientierungssinn vorteilhaft.
Einkehr: Alpenhof Reuter Wanne, Untere Reuter-Wanne-Alp.
Karte: KOMPASS Nr. 3.

Am Ostrand des Oberallgäus lockt über dem Grüntensee der ohne jeglichen Stress leicht erschwingliche Wandergipfel der Reuter Wanne. Sein überzeugendes Ausblickspektrum reicht von den Ammergauer Alpen über die Zugspitze und die Tannheimer Berge bis ins Walsertaler Gipfelreich. Aus dem Angebot an Aufstiegen aller Himmelsrichtungen, von denen jeder seinen Reiz hat, wollen wir die Westroute mit ihren zwei Einkehrmöglichkeiten wählen.

Wo beim **Wertach-Parkplatz** an der B 310 die Straße nach Jungholz abzweigt, beginnt auch ein Mautsträßchen. Dieses bringt uns durch Mischwald und über ein paar Lichtungen, von denen sich Reuter Wanne und Sorgschrofen, Iseler und Daumen zeigen, zum **Alpenhof Reuter Wanne**. Auf geteertem Alpweg gelangen wir zur naheliegenden **Untere Reuter-Wanne-Alp**. Nach einer Weidefläche

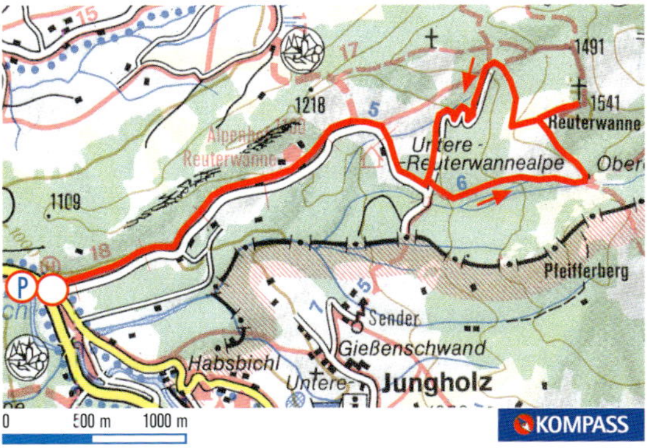

Das bei Jung und Alt gleichermaßen beliebte Bergwanderziel Reiter Wanne vom einsamen Nachbar Pfeifferberg.

geht es dann auf einem Forstweg weiter. An der Verzweigung bei einem Bachtobel richten wir uns nach dem Wegweiser »Reuterwanne« und wenig später nach der Beschilderung »Jungholz«. Am Rand eines Tobels wandert man auf einem steilen Ziehweg über einen Windwurfhang und bald durch Fichtenwald. Jenseits des Großern Waldes lenkt der Grünten den Blick auf sich. Zuletzt zieht sich ein Pfad zu einem Sattel, in dem die **Obere Reuter-Wanne-Alp** steht. Man quert nun eher gemächlich die südgerichteten Weidehänge und strebt schlussendlich ohne große Anstrengung über den Südwestrücken der **Reuter Wanne** entgegen.

Nach einer ausgiebigen Gipfelrast steigen wir auf dem Anstiegsrücken wieder ab und halten uns am scharfen Routenknick in wenigen Minuten geradeaus zu einem querlaufenden Forstweg. Rechts einschwenkend kommen wir zu einer Gabelung, wo uns das Täfelchen »Reuterwannen Alpe« den weiteren Talkurs zeigt. An einem Felsabbruch vorbei und in ein paar Kehren spazieren wir durch den leider arg geschädigten Bergwald zurück zu den bekannten Alpweiden. Die **Untere Reuter-Wanne-Alp** und der **Alpenhof Reuter Wanne** laden noch wahlweise zu einer Brotzeit ein.

Zum Schluss geht es wie gehabt zum **Wertach-Parkplatz**.

46

Älpelealp, 1340 m

Am Sorgschrofen und im oberen Wertachtal

Ausgangspunkt: Jungholz (Tirol), Bushaltestelle am Ortsanfang, 1040 m; Parkplatz bei den Skiliften.
Gehzeit: Älpelealp 1 Std., Unterjoch ¾ Std., Rückweg 1¼ Std., gesamt 3 Std.
Charakter: Kurzer Steilaufstieg zu Beginn. Teilweise bezeichnete Pfade und Pfadspuren, Forst- und Wirtschaftswege, kurzer Steig. Orientierungssinn angenehm.

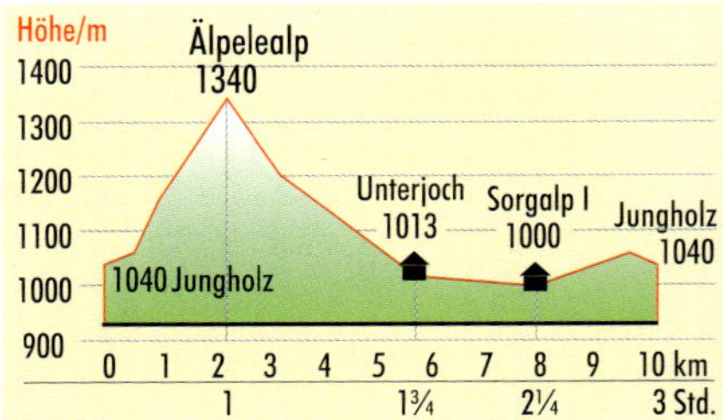

Einkehr: In Unterjoch und Sorgalp I.
Karte: KOMPASS Nr. 3.

Völlig abseits des Verkehrs verbinden mehrere Wanderrouten die hoch gelegene deutsche Wirtschaftsenklave Jungholz mit dem Hindelanger Ortsteil Unterjoch, die sich auf ideale Weise kombinieren lassen. Am Ortsanfang von **Jungholz** gehen wir erst mal zu den Skiliften, wo Richtung Sorgschrofen ein Alpweg abzweigt. Bald haben wir uns mit einer saftig steilen Wiesenspur anzulegen. Aber der Rückblick auf das schmucke Tiroler Bergdorf entschädigt für die Aufstiegsmühen. Im weiteren Verlauf halten wir uns entlang eines Schlepplifts.

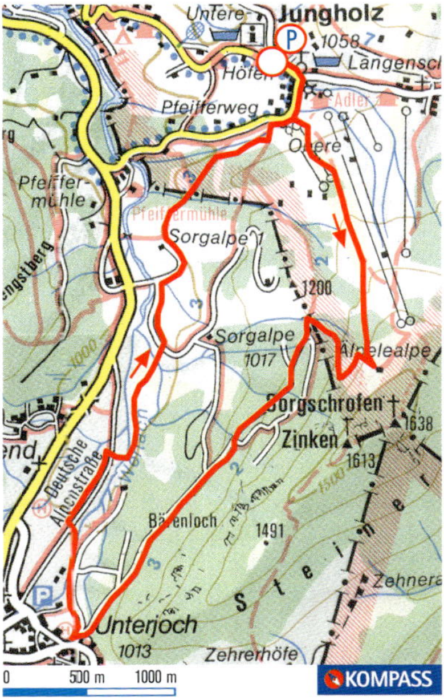

An der Bergstation eines parallel verlaufenden Skilifts folgt man in deutlich angenehmerer Steigung der mit »Älpele Alm« ausgeschilderten Skitrasse. Durch ein Waldstück kommt man zu

Über der Tiroler Wirtschaftsenklave Jungholz ragt der Sorgschrofen auf.

der unter den Gipfelfelsen des Sorgschrofens stehenden **Älpelealp**.
Während einer mit ziemlicher Sicherheit ungestörten Ruhepause schaut man über die hier noch geräumige Talsenke der jungen Wertach zum Wertacher Hörnle und über die lang gezogene Ellegghöhe zum turmgeschmückten Blender.
Wir gehen ganz kurz zurück zu einer Gabelung und schlendern auf dem talwärts führenden Alpsteig über einen Weidehang. Nach der bayerischen Grenze geht's auf einem Forstweg, die rote Markierung beachtend, nach **Unterjoch**. In dem verträumten Dörfchen mit dem schlanken Kirchturm bringt man es wohl kaum übers Herz, das gastronomische Angebot abzulehnen. Am Ortsrand bietet sich auch noch ein Wasserfall zu einem kaum nennenswerten Abstecher an.
Anschließend spazieren wir wieder zur bekannten Verzweigung am Ortsanfang und lassen uns auf dem Wirtschaftsweg Richtung Spielstation ein kleines Stück vom Weißenbach begleiten. Ein Wiesenpfad wechselt nun das Wertachufer. Wieder auf einer landwirtschaftlichen Fahrbahn, achten wir an der Kläranlage auf den Jungholzer Wegweiser, wechseln am Spielplatz abermals die Wertachseite und überqueren kurz auf einem Feldweg ein Weidegebiet. Danach lenkt uns die gewohnte Beschilderung in ein Anliegersträßchen. Bald nach der folgenden Verzweigung erreichen wir die **Sorgalp I**.
Auf einem Waldweg kehren wir zurück nach Tirol und haben es nicht mehr weit hinauf nach **Jungholz**.

47

Von Burgberg nach Agathazell

Auf dem »Holzweg« durch den Moorbirkenwald

Ausgangspunkt: Burgberg, Bushaltestelle beim Rathaus (Parkplatz), 751 m.
Gehzeit: Agathazell ¾ Std., Rückweg 1½ Std., gesamt 2¼ Std.
Charakter: Frei von Steigungen. Bestens beschilderte Wirtschafts- und Wanderwege, kurze Abschnitte auf Anliegersträßchen und Pfad.
Einkehr: In Agathazell.

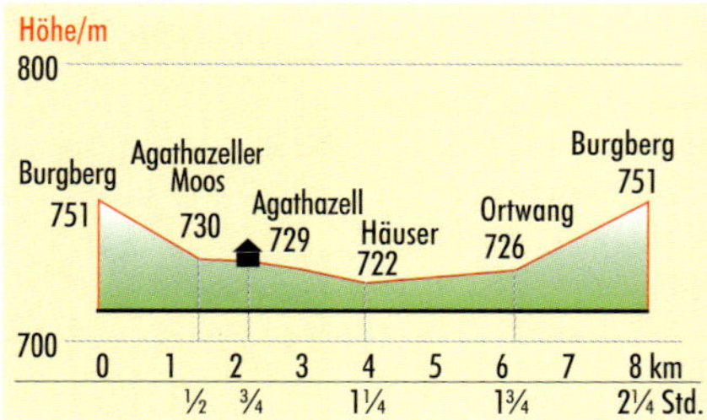

Karte: KOMPASS Nr. 3.

Zwischen Blaichach und Rettenberg weitet sich das Illertal am Fuße des Grüntens zu einer feuchten Wiesenebene. Komfortable Wanderrouten ermöglichen dort im Bereich des Agathazeller Mooses und Gallmooses eine erholsame und dennoch recht eindrucksvolle Spazierrunde.

Wir nehmen vom Rathaus in **Burgberg** den Gehsteig Richtung Blaichach, bis uns der Wegweiser »Moos« auf einen Graspfad lenkt. Nahe des Steinbruchs »An der Schanz«, an dem bereits seit 1886 Gesteinsabbau betrieben wird, folgen wir ein Stück weit dem geologisch-botanischen Lehrwanderweg. Etliche Schautafeln erläutern die Entstehung eines Hochmoors.

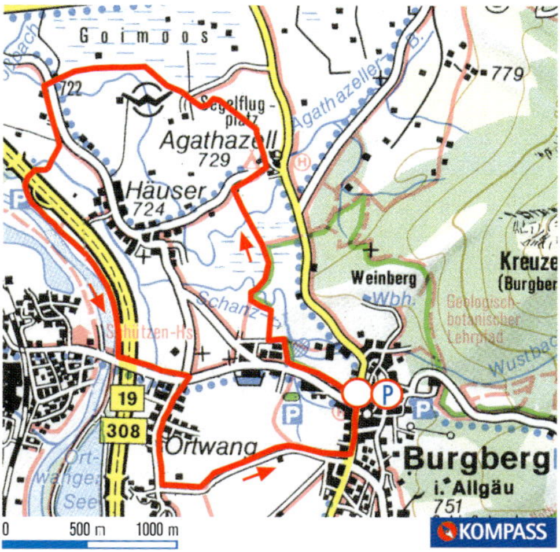

Mit Blick zum Burgberger Hörnle wandern wir auf einem Feldweg zur Schanzbachbrücke und entschwinden auf einem Wanderweg ins **Agathazeller**

Komfortable Holzstege erschließen das übrige Agathazeller Moos bei Burgberg.

Moos. Um Trittschäden und Nährstoffeintrag zu vermeiden, hat man den spannenden Weg durch den urigen Moorbirkenwald teilweise mit Holzstegen angelegt.
Den verspielt mäandernden Agathazeller Bach querend, kommen wir, zuletzt auf einem Anliegersträßchen, nach **Agathazell**. Ein Wirtschaftsweg führt uns nun an Pferdekoppeln vorbei und auf fortwährend flachem Kurs zum Segelflugplatz. Vor uns baut sich das Immenstädter Horn auf, hinter uns der Grünten und über dem Illertal treten auch noch die prächtigen Oberstdorfer Gipfelgestalten mit auf die Bühne. Die Flugplatz-Ampel gibt grünes Licht für den Weiterweg nach **Häuser**, auf dem wir nochmals den Agathazeller Bach überschreiten. Rechter Hand dehnt sich das Gallmoos (auch Goimoos) aus.
Am Ortsende orientiert man sich an der Beschilderung »Illerweg Blaichach«. Nach Wechseln des Schanzbachufers geht's durch die Autobahn-Unterführung und auf dem Uferweg am bewaldeten Flussufer entlang. Der Gehsteig Richtung Burgberg unterquert die Blaichacher Illerbrücke. Nun spaziert man hinein nach **Ortwang**. Vom benachbarten Oberortwang leitet ein Wirtschaftssträßchen, den wuchtigen Daumen vor der Nase, zurück nach **Burgberg**.

48

Ruine Fluhenstein – Walten

Miniaturrunde mit Besuch des Burgstalltobels

Ausgangspunkt: Sonthofen, Bushaltestelle »Berghoferkreuzung« bei der Sparkasse (Parkplatz), an der nach Hindelang führenden Bundesstraße, 750 m.
Gehzeit: Walten ¾ Std., Rückweg 1 Std., gesamt 1¾ Std.
Charakter: Einfacher Anstieg. Ausreichend beschilderter Wanderweg und Pfad, kurze ruhige Straßen.
Einkehr: In Walten und Berghofen.

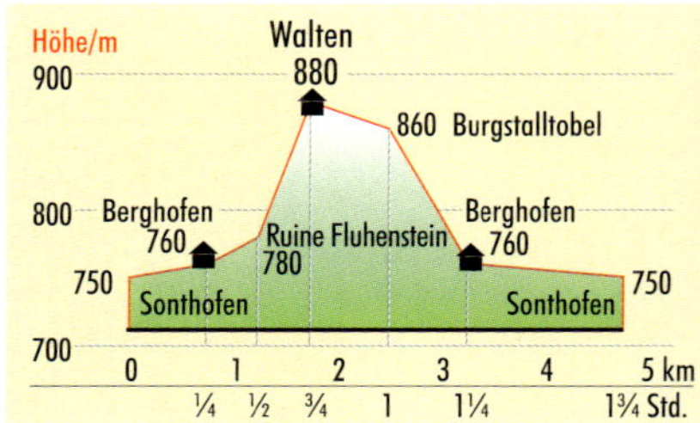

Karte: KOMPASS Nr. 3.

Als Startpunkt zu unserem kleinen Entdeckungsausflug wählen wir in **Sonthofen** die Bushaltestelle »Berghoferkreuzung«. Ein Gehsteig bringt uns zum Stadtteil **Berghofen**, wobei wir hinter der Ostrachbrücke Richtung Walten abzweigen. Am Ortsrand entdeckt man den ebenfalls nach Walten beschilderten Wanderweg, einen Abschnitt des E 4. Dieser von den Pyrenäen über den Jura zum Neusiedler See verlaufende Europäische Fernwanderweg leitet durch ein Waldstück bergauf zur **Ruine Fluhenstein**. Obwohl nur ein paar Minuten vom städtischen Getriebe entfernt, kommt sich der Wanderer hier unter dem betagten Gemäuer vor wie im einsamsten Waldland.

Auf dem Pfad über Viehweiden hinauf zum Weiler **Walten** präsentiert der Grünten mit dem Felskopf der Kreuzelspitze, wie das Burgberger Horn auch bezeichnet wird, seine Sonnenseite. Rückblickend erfreuen uns die Sonthofner Hörner und die Nagelfluhberge. Vom oberen Ortsteil bereichert auch die Oberstdorfer Gipfelwelt die alpine Augenweide. Ja, sogar der kantige Widderstein aus dem hintersten Kleinwalsertal tritt in Erscheinung.

An der Bushaltestelle »Burgstalltobel« folgen

Über dem Sonthofner Stadtteil Berghofen baut sich als Nebengipfel des Grünten das Burgberger Horn auf.

wir einem leicht talwärts führenden Pfad. Bald überrascht der wildromantische **Burgstalltobel**. Die kühl atmende Felsenkluft wurde mittels Holzstegen für Fußgänger passierbar gemacht. Durch Mischwald begleitet uns jetzt der quirlige Berghofer Bach, der durch seine Miniatur-Wasserfälle selbst bei naturmüden Pflichtwanderern helle Begeisterung hervorrufen dürfte. Wieder in **Berghofen**, führt der Erlebniskurs, links in den Burgweg einbiegend, zurück nach **Sonthofen**.

Die Burgruine Fluhenstein

Die heute waldumschlossene, mittlerweile leider einsturzgefährdete Sonthofner Ruine Fluhenstein, durch einen Halsgraben vom Waltener Berg getrennt, weist noch ansehnliche Mauerreste von Turm und Hauptburg auf. Die Anlage setzt sich aus der alten Kernburg mit hohem Halbrundturm und einem neueren, von den Bischöfen von Augsburg anstelle der einstigen Vorburg errichteten Vorhof zusammen. Dieser war ostseitig durch das Haupttor zugänglich. Oswald von Heimenhofen hatte das Gebäude der ehemaligen Herrschaft Fluhenstein im Jahre 1361 neu erbaut. Die Burg war Sitz des Ammans der Pflege Rettenberg und wurde 1525 von Bauern geplündert.

49

Großer Hirschberg, 1643 m, und Spieser, 1649 m

Traum-Blickfänge am Südrand der Voralpen

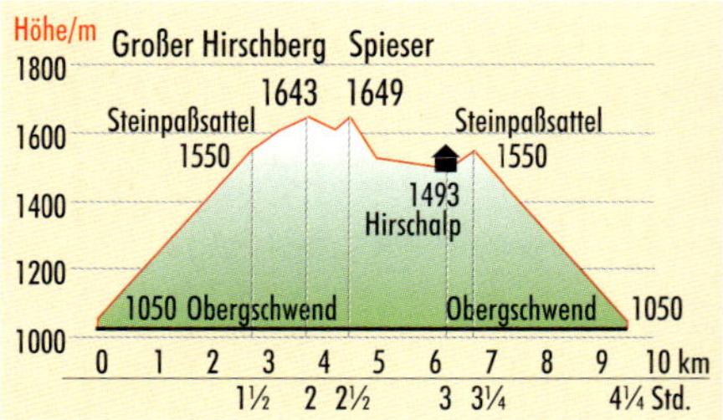

Ausgangspunkt: Unterjoch/Obergschwend (Gemeinde Hindelang), Bushaltestelle (Parkplatz), 1050 m.
Gehzeit: Hirschberg und Spieser 2½ Std., Hirschalp ½ Std., Abstieg 1¼ Std., gesamt 4¼ Std.
Charakter: Meistens nur mäßig anstrengender Aufstieg, kurzer steiler Spieser-Abstieg. Teilweise bezeichnete Pfade und gelegentlich feuchte Steige, kleiner wegloser Abschnitt. Etwas Orientierungssinn angenehm.
Einkehr: Hirschalp.
Karte: KOMPASS Nr. 3.

An der Bushaltestelle in **Obergschwend** zeigt uns der Wegweiser »Spieser« den Auftakt zu der kurzweiligen Zweigipfeltour. Vom Gasthof »Am Buchl« führt ein Fußweg über die Weißenbachbrücke. Anschließend spazieren wir auf einem Wiesenpfad gemütlich am rechten Schlepplift bergan. Bald verfolgen wir eine deutlich steilere Skiabfahrt. Die eleganten Felsgipfel des Tannheimer Tals rücken ins Blickfeld. Nach wieder flacherem Abschnitt über Weiden betreten wir auf einem mitunter felsdurchsetzten Steig die locker bewaldete Hochwanne zwischen Jochschrofen und Hirschberg. Feuchte Stellen sind zum Teil mit Baumscheiben besser begehbar gemacht.

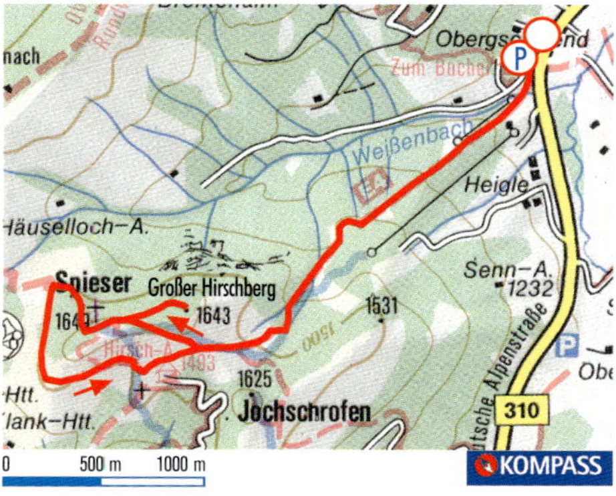

Zwischen den letzten Fichten und Buchen, Eschen und Ahorn breitet sich Strauchwerk aus. Über karge Alpwei-

Auf dem Europäischen Fernwanderweg E 4 zum Großen Hirschberg.

den erreichen wir den **Steinpasssattel**.
Auf dem Pfad Richtung Spieser über einen kleinen Rücken und den eher gemächlichen Südhang des Hirschbergs ansteigend, weitet sich das Blicksegment zur Zugspitze und über den Hochvogel und die Daumengruppe bis zu den Walsertaler Bergen. Von der unscheinbaren Einsattelung am Spieser gewinnt man in Kürze über einen bequemen Höhenrücken weglos den Gipfelrundling mit Namen **Großer Hirschberg**. Zurück an der Einsattelung wandern wir auf kurzem Steig ebenfalls ohne Anstrengung an einer Fichtenreihe hinauf zum wenige Meter höheren **Spieser**.
Nun setzt anfangs in südwestlicher Richtung über harmlose Felsstufen der steile Abstieg über den Nordwestrücken an. Der teilweise mit Latschen gekleidete Berg zeigt hier seine schroffe Seite. Von der Verzweigung auf einem Weideboden zieht sich ein Pfad auf gleichbleibender Höhe um den Spieser herum zur **Hirschalp**. Kurz vor der beliebten Einkehr bietet sich ein prachtvoller Tiefblick auf den Hintersteiner Talkessel. Zwischen zwei Waldflecken müssen wir noch einen kleinen Gegenanstieg bewältigen, dann nehmen wir auf dem **Steinpasssattel** den bekannten Kurs nach **Obergschwend** auf.

50

Kematsriedmoos und Alpsteigtobel

Rund um den Krumbacher Berg

Ausgangspunkt: Oberjoch (Gemeinde Hindelang), Bushaltestelle am Groß-Parkplatz, 1136 m.
Gehzeit: Alpsteigtobel 1 Std., Rückweg 1¼ Std., gesamt 2¼ Std.
Charakter: Sanfte Steigungen. Gut beschilderte Wander-, Fußgänger- und Wirtschaftswege, kurzer undeutlicher Pfad.
Einkehr: Moorhütte, Gaststätte Kaminstube.

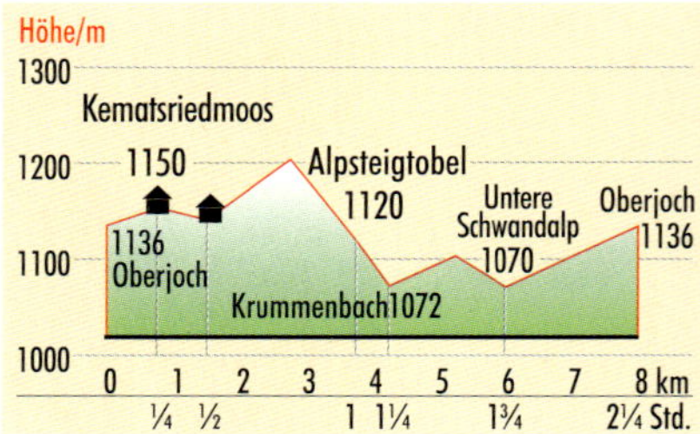

Karte: KOMPASS Nr. 3.

Auf dem beschaulichen Rundwanderweg zwischen den Hindelanger Ortsteilen Oberjoch und Unterjoch streift man gleich zu Beginn durch das Kematsriedmoos, das nur im Randbereich kultiviert wurde. In diesem melancholischen Hochmoor am Fuße von Kühgundkopf und Iseler sind Tiere und Pflanzen der Roten Liste beheimatet. So kommen hier beispielsweise Hochmoorgelbling, Natterwurz-Perlmuttfalter, Arktische Smaragdlibelle, Langblätteriger Sonnentau und Kreuzotter vor.

Vom Groß-Parkplatz in **Oberjoch** nehmen wir den Fußgängerweg Richtung Alpsteigtobel durch die Bundesstraßen-Unterführung. Danach folgen wir dem von den Gästen der Jugendbildungsstätte des Alpenvereins umweltschonend angelegten Moorlehrpfad durch das herb duftende **Kematsriedmoos**. Ab der Moorhütte, einer Einkehrstation mit Moorbad, leitet ein Fußgängerweg entlang der B 308 und an der Gast-

Der Kühgundkopf über dem Oberjocher Kematsriedmoos.

stätte Kaminstube vorbei, auf den hahnenkammartigen Sorgschrofen zu. Zur Linken erheben sich Jochschrofen und Wertacher Hörnle.
Beim Grenzwieslift stoßen wir wieder auf den uns bekannten Wegweiser »Alpsteigtobel«. Ein teilweise geteerter Alpweg steigt nun leicht bergan. Von der Gabelung auf dem höchsten Punkt der Wanderung, einer Feuchtwiesenkuppe – und gleichzeitig auch die alte Passhöhe der Salzstraße von Hall in Tirol über Hindelang zum Bodensee –, geht es auf einem Wanderweg talwärts zum einstigen Zollhaus. Dort quert man die Bundesstraße und gelangt über drei Bachstege zum stillen **Alpsteigtobel**.
Im Mischwald begleiten wir die beachtlich eingeschnittene Kerbe des Weissenbachs. Bei den versteckten Höfen von **Krummenbach** mit Kapelle legt sich der Bach ein letztes Mal quer. Auf einem Ziehweg mit kleinem Gegenanstieg, zwischen Krumbacher Berg und Hotzenberg durch einen teilweise undeutlichen Wiesenpfad unterbrochen, erreichen wir über einen Sattel die **Untere Schwandalp**. Nach einer Bachbrücke bummeln wir auf einem geteerten Wirtschaftsweg über Waldweiden leicht bergan und treffen voller neuer Eindrücke zufrieden wieder in **Oberjoch** ein.

KOMPASS
Nr. 1 für Wanderkarten
KOMPASS
Wander- und Radtourenkarte 188
Kaufbeuren
Ostallgäu
1:50 000
Mit KOMPASS Lexikon
PowerBar
KOMPASS
Wander- Radtouren- und Langlaufkarte 179
Pfaffenwinkel
Schongauer Land
1:50 000
Mit KOMPASS Lexikon
PowerBar
KOMPASS
Wander- und Radtourenkarte 187
Isny · Wangen
1:50 000
Mit KOMPASS Lexikon
PowerBar
www.kompass.at